Culturas e identidades:

reflexões sobre diversidade na educação

Editora Cravo

Comité Científico

Jorge Chinea
(Wayne State University - EUA)

Keila Grinberg
(Universidade Federal do Estado do Rio de Janeiro - Brasil)

Leonardo Rosa Ramos
(Università Pontificia Salesiana - Itália)

Marcia Calainho
(Instituto Jurídico Luso Brasileiro - Portugal)

Márcia Maria Menendes Motta
(Universidade Federal Fluminense - Brasil)

Monique Montenegro
(Instituto Ensinar Brasil - Brasil)

Thiago de Souza dos Reis
(Universidade Estácio de Sá/Universidade Veiga de Almeida - Brasil)

Yanina Benitez
(Instituto de Filosofía Ezequiel de Olaso - Centro de Investigaciones Filosoficas - Argentina)

Organização

Monique Montenegro

Culturas e identidades:

reflexões sobre diversidade na educação

Editora Cravo

Porto, 2020

Copyright © 2020 Monique Montenegro (Organizador)
Título: Culturas e identidades: reflexões sobre diversidade na educação

Direção Editorial: Lou Calainho
Edição: Equipa Editora Cravo
Revisão: Autoral
Diagramação: Paulo Rezende
Projeto gráfico e capa: Sofia Ferreira
Fotografia: Salvador C. Mósca

ISBN 978-989-54764-3-5

Conselho Editorial
Lou Calainho
Magno F. Borges
Maria Auxiliadora B. dos Santos

Dados para Catalogação da Obra

M777	Montenegro, Monique, 1986
	Culturas e identidades: reflexões sobre diversidade na educação
	/ Org. Monique Montenegro
	Porto, Portugal - Editora Cravo - 2020
	192 p.; 21cm.

Inclui Bibliografia.
ISBN: 978-989-54764-3-5

1. Sociologia educacional. 2. Educação (Antropologia educacional)
   I. Título.

CDD: 306.43
CDU: 37.015

www.editoracravo.pt
contacto@editoracravo.pt
+351 960 221 473

Sumário

Prefácio

O ano é 1900. Neste, pouco mais de uma década após a proclamação da república no Brasil, nascia Correia Leite. Negro e fundador de uma das mais importantes associações de assistência no estado de São Paulo. Em relato publicado por Luiz Alberto Oliveira Gonçalves, na ocasião do lançamento do livro "500 anos de educação no Brasil", em 2000, Correia Leite afirma: "[...] não tinha quem se responsabilizar por mim [...]. Eu era um menino prejudicado porque tinha de enfrentar sérios problemas da minha vida. E já era 'minha vida'". Ele passou a frequentar a escola durante a adolescência, como um favor. As linhas do acordo foram: está aceito, desde que varra o quintal da escola.

No relato de Correia Leite, estão presentes ecos de uma memória recente no país, assim como coloca em perspectiva os desafios históricos que permeiam a democratização do acesso, a garantia da permanência e do acolhimento das instituições escolares aos sujeitos que estão à margem da constituição de uma lógica presente na cultura escolar.

Ao passo em que se busca democratizar o acesso, muito ainda a que se percorrer para que se criem as condições de possibilidade para a permanência dos sujeitos nos processos de escolarização. A história da educação brasileira nos mostra uma incessante busca pela "educação dos bárbaros" - indígenas, negros, campesinos, mulheres, LGBTQ+, deficientes, pobres, imigrantes - na tentativa de adequar os sujeitos à estrutura e lógicas de escolarização que, por décadas, produziu a exclusão destes na escola e da escola. Nesse sentido, é preciso questionar: a democratização do acesso à escola, coloca em pauta, de maneira privilegiada, a diversidade de sujeitos que compõe a cultura escolar? O currículo, de fato, se produz de maneira atenta às complexas teias que constituem o cotidiano dos processos de escolarização?

O livro, que ora se apresenta, volta o olhar para a diversidade e a objectualiza a partir de diferentes matizes e problematizações. Trata, com maestria, do debate sobre a diversidade e, sobretudo, com a diversidade. A abordagem aos temas tratados, partem de um chão de um universo de experiências que tocam os autores e que, por isso, trazem à tona questões complexas ao currículo e à formação docente de uma maneira sensível. Ancora-se sobre três pontos basilares: as políticas públicas, a formação de professores e as práticas curriculares. Outrossim, aponta ainda para o descompasso presente entre os avanços dos movimentos sociais, do universo acadêmico e as práticas vivenciadas no cotidiano da/na escola.

Atravessamos um período em que o conservadorismo se impõe à escola: sujeitos são transformados em números, seu desenvolvimento metrificado pelas avaliações de larga escala, professores perseguidos e acusados de produzir "doutrinações ideológicas" travestidos de educação. Mas o que seria a educação se não tomar para si e pôr em circulação a liberdade de questionar? Que formação educativa construiremos sem antes, com ética e zelo, visibilizarmos as suas contradições? Que mundo desejamos construir sem dar visibilidade à diversidade de sujeitos e a sua morfologia social impregnada por conflitos? Como garantir a dignidade humana e a transformação social se não compreendermos a complexidade que nos constitui como sujeitos individuais e coletivos?

Culturas e identidades: reflexões sobre diversidade na educação propõe, a você leitor, uma sensibilização às discussões que compõe os temas sobre/com a diversidade, por uma ótica fundamentalmente humana e imersa em afetos, sem perder de vista a responsabilidade política e ética que exercemos no chão das escolas. Também lhe convida a pensar algumas possibilidades pedagógicas no trato à diversidade no currículo, na formação e no trabalho docente.

Recebi com muito carinho o convite da amiga Monique Montenegro para escrever o prefácio deste livro. Abordar a temática diversidade é uma urgente pauta para a educação brasileira e, dada a sua complexidade, igualmente desafiadora.

Karen Calegari Santos Campos
Vitória, 2020.

Apresentação

A presente obra revela uma grande pluralidade de reflexões sobre culturas e identidades na perspectiva da diversidade. Reunião de contribuições de autores de diferentes contextos e áreas de atuação, o livro procura por à disposição do leitor reflexões sobre a diversidade na educação. Na seleção e organização dos textos tentou-se respeitar um núcleo temático consistente, diversificando as perspectivas de análise e de estudo. Desde modo, as abordagens históricas, filosóficas, epistemológicas, psicológicas, pedagógicas e sociológicas sucedem-se ao longo de dez capítulos.

Dando início a esta pluralidade de pontos de vista, o texto de abertura "Ser e sentir-se imigrante: trajetórias e identidades de professores em novos contextos culturais" apresenta um estudo, realizado em Portugal, sobre diversidade cultural centrado nos professores-imigrantes que atuam ou atuaram nas escolas portuguesas. O estudo apresenta reflexões sobre como as experiências migratórias desses professores impactam a (re)construção de suas identidades profissionais.

No segundo texto, "Adoção tardia, imaginário coletivo e escola: quantas diferenças permeiam essa relação?", **Giselle Cristina de Souza Dutra**, apresenta questões em torno da adoção tardia, que se originam do imaginário coletivo e de construções sociais que evidenciam as diferenças na escola. O capítulo busca uma reflexão sobre a necessidade de deslocar os processos pedagógicos do âmbito teórico e reprodutivo para um encontro com a realidade, colaborando significativamente com a compreensão das dimensões psicossociais que constituem um processo de adoção tardia, a partir de elementos importantes que permeiam a construção dessas identidades na escola.

A seguir, temos **Ícaro Trindade Carvalho**, com o texto: "Protagonismos nas Metodologias Ativas: Direitos Humanos e Fundamentais - diálogos possíveis através do Projeto Integrador", que apresenta uma discussão de como as metodologias ativas de ensino pode colaborar para a autonomia do aluno, de maneira que este saiba lidar com a diversidade e com imaginários que permeiam e engendram o seu próprio cotidiano.

No quarto texto, "O Racismo estrutural enquanto barreira para a implementação e efetividade da Lei nº 10.639/03", **Tânia Danielle Vieira Neto, Guilherme de Almeida Leite** e **Daiana Aparecida dos Reis**, apresentam reflexões e análises de produções teóricas acerca da Lei nº 10.639/03, que determina o ensino de História e Cultura Afro-brasileira na Educação Básica, e apresentam as razões que dificultam a implementação da referida Lei no contexto educacional brasileiro

No quinto capítulo, "A importância da afetividade no processo de ensino-aprendizagem do aluno com autismo nos anos iniciais do ensino fundamental", as autoras **Aline Gomes da Conceição, Dilzete Gasparini Alves, Djhuliane Moreira Nascimento, Juliana Precioso Dias** e **Mayara Geraldo Freire** apresentam a percepção dos professores dos anos iniciais do Ensino Fundamental sobre a importância da afetividade no processo de aprendizagem, como elemento facilitador no desenvolvimento e aprendizagem da criança autista.

Lara Gabrielle Schultz Souza e **Philippe Drumond Vilas Boas Tavares**, apresentam no sexto capítulo: "O envolvimento da família no processo de inclusão escolar na Educação Infantil: uma visão sobre as deficiências". Este capítulo desenvolve reflexões sobre os aspectos históricos da educação especial na sociedade atual e sobre o papel da família neste processo de inclusão.

No sétimo capítulo, "A construção identitária do corpo gordo: uma reflexão sobre gordofobia", **Karen Jécika Marcolino Ribeiro**, discute os padrões estéticos da atualidade, a partir do corpo gordo, visitando produções acadêmicas que apontam para uma discussão acerca da gordofobia e cria outras perspectivas acerca desta construção identitária.

Dando sequência às discussões sobre o corpo, iniciadas no capítulo anterior, **Giselle V. Benzaquen D´Assumpção** e **Julieli Malini Vargas**, no texto "Reconstrução de atividades: ressignificando a Educação Física na Educação Básica" apresentam a importância de reconstruir atividades durante as aulas de educação física, para estimular a participação ativa dos alunos no processo de desenvolvimento socioemocional bem como as habilidades preconizadas pela BNCC para o componente curricular. A discussão começa pelo cenário da Educação Física escolar no Brasil, discorre pelos marcos legais que legitimam seus espectros de atuação e colaboram na formação integral dos indivíduos e apresenta a estrutura primária para reconstrução de jogos pelos alunos.

No nono capítulo, **Rafael Mansur** apresenta reflexões imprescindíveis sobre as políticas públicas brasileiras destinas à diversidade. O texto "A construção do mito da educação brasileira para todos" faz um paralelo entre a entrada do atual presidente brasileiro e as discussões sobre diversidade no país.

Para encerrar esta obra, **Philippe Drumond Vilas Boas Tavares** apresenta, no texto: "Material Didático (in)formativo elaborado pelo MST: por uma nova realidade educacional do/no campo" uma análise *da* produção de material didático do Movimento dos Trabalhadores Rurais sem Terra (MST) verificando a visão sobre as especificidades dos níveis de ensino e sua articulação ou não com a perspectiva integral e interconectada pela temática de (re) significação da Educação do/no Campo por meio da práxis educativa.

Estes estudos coincidem num enaltecimento crítico das pesquisas sobre diversidade e não deixam de reafirmar uma convecção unânime de que não há educação sem diversidade. É nesta capacidade de problematização da realidade que esta obra apresenta sua atratividade para professores e professoras interessados em debater a práxis pedagógica. Gostaríamos que *Culturas e identidades – reflexões sobre diversidade na educação* ajudasse a fomentar as tão importantes discussões sobre diversidade.

Monique Montenegro
Vitória, 2020.

Ser e sentir-se imigrante: trajetórias e identidades de professores em novos contextos culturais

Monique Montenegro

O fenômeno da imigração não é uma novidade. Durante toda a história humana, por diversos motivos, viajamos pelo mundo. Muitos fatores impulsionaram e impulsionam estes deslocamentos: a busca por novos territórios a serem colonizados, catástrofes naturais, guerras, fome, trabalho, estudos, diversão, entre outros.

Nas últimas décadas, devido ao aumento populacional e das discrepâncias socioeconômicas, intensificou-se a migração de pessoas dos países menos desenvolvidos para países mais desenvolvidos, em busca de melhores condições de vida (SAM & BERRY, 2006).

Em Portugal, que tradicionalmente se caracterizou como um país de emigração, o fenómeno da imigração, passou a ter uma maior expressão após a entrada na então Comunidade Económica Europeia (CEE), designadamente na segunda metade da década de 90 do século passado e na primeira década do presente milénio.

Esta nova realidade gerou preocupações sociais na democracia portuguesa, das quais resultaram importantes avanços político-legislativos, com efetiva expressão a partir do primeiro quinquénio deste milénio. As políticas e a legislação ligadas às migrações têm vindo a ser avaliadas nos países da União Europeia pela *Migrant Integration Policy* (MIPEX), que considerou a Lei portuguesa da nacionalidade, de 2006, como a melhor lei europeia (avaliação de 31 países) para a promoção da cidadania comum. Também foi considerado que a Lei de Estrangeiros (LEI N° 23/2007) produziu as maiores evoluções no que diz respeito à residência de longa duração na Europa. É ainda salientada a implementação da lei de reconhecimento das qualificações obtidas no estrangeiro para todos os cidadãos e o acesso universal à educação. No ranking do MIPEX III, em 2011, Portugal foi considerado o segundo melhor país na integração de cidadãos estrangeiros (na primeira posição ficou a Suécia) e ocupou a primeira posição no grupo dos novos países de imigração laboral com melhores condições de acesso ao mercado de trabalho e reagrupamento familiar. Embora as leis anti discriminação surjam igualmente como as que espelham maiores avanços no grupo dos novos países de imigração, é neste campo, bem como no da participação política que são reconhecidas maiores fragilidades.

Apesar das conjunturas mudarem, estes movimentos demográficos sempre deixam importantes marcas nas sociedades que não se apagam, pois que muitos imigrantes fixam residência no país de acolhimento e, assim, contribuem para a miscigenação e o enriquecimento das culturas.

Diante deste fenômeno e considerando que "a migração internacional é parte de uma revolução transnacional que está remodelando as sociedades e a política ao redor do globo" (CASTLES & MILLER cit. por WOODWARD, 2009, p. 21), as Ciências da Educação têm-se dedicado à pesquisa do impacto da diversidade cultural no ambiente escolar. Na Europa, tem predominado a perspectiva da educação intercultural que, tendo como um dos seus principais objetivos, a luta contra a exclusão (DÍAZ-AGUADO, 2000), assume a diversidade e a pertença múltipla como uma riqueza da qual todos beneficiam, tanto os que chegam como os autóctones (ABDALLAH-PRETECEILLE, 2005). Na perspectiva intercultural considera-se que todas as pessoas estão em permanente processo de aculturação, não sendo este um fenómeno apenas restrito aos imigrantes ou aos grupos designados de minoritários, não pode, portanto, ser confundido com assimilação (SAM & BERRY, 2006; AB-DALLAH-PRETECEILLE, 2005).

Com isso e para além disso, na perspectiva intercultural reconhece-se a diversidade como um valor e a pluralidade como elemento dinâmico e criativo da sociedade. A escola é vista como um espaço de diálogo e de respeito, no qual se reconhece o valor potencial transformador do conflito.

Apesar de muitos serem os trabalhos acerca desta temática, em geral, os estudos sobre a diversidade cultural na escola, a nível internacional e em Portugal, são focados nos alunos imigrantes e/ou descendentes de imigrantes (e.g. NETO & NETO, 2009), ou nas interações entre sujeitos de culturas diversas no ambiente escolar (e.g. SILVA, 2008). Ou seja, estuda-se a influência dos alunos imigrantes na escola, como trabalhar com estes alunos de forma a respeitar sua diferença cultural, entre outros, considerando que os únicos sujeitos, culturalmente "diferentes", presentes no sistema escolar são os alunos.

Porém, ao considerar que muitos podem ser os sujeitos que fazem da escola um espaço de diversidade cultural (CRUI-CKSHANK, 2004; VALENTA, 2009; SCHIMIDT, 2010), surgem, especialmente nos países com grande fluxo migratório, investigações centradas nos professores-imigrantes. Tais estudos realçam a importância de compreender a influência dos múltiplos contextos (institucionais locais, regionais e nacionais) no processo de ensino-aprendizagem, uma vez que a formação, tanto formal como informal, influenciam a prática docente (BOURDIEU, 2004).

As investigações sobre os professores-imigrantes discutem também, a identidade profissional destes professores que, ao estarem em novos contextos, desenvolvem diferentes perspectivas sobre ser professor, seu estatuto e suas metodologias de ensino

(PEELER & JANE, 2005), reconhecendo a identidade profissional como algo mutável, que sofre influências e que se constrói e reconstrói na interação com o outro (NÓVOA, 1995; HALL, 2009).

Em Portugal, são escassos os estudos sobre professores-imigrantes, talvez por ser um fenómeno recente e por serem relativamente poucos, ou porque os professores geralmente são vistos como representantes da cultura, responsáveis por transmiti-la e repassá-la a uma nova geração (BOURDIEU, 2004), não se esperando que esta tarefa seja colocada nas mãos de recém-chegados à cultura (ELBAZ-LUWISCH, 2004).

Em contrapartida a esta escassez de estudos, segundo dados do MTSS – Ministério do Trabalho e da Solidariedade Social, em 2012, Portugal Continental contava com 1763 trabalhadores imigrantes ligados à educação (cerca de 52% a mais do que em 2004), excetuando os trabalhadores imigrantes que já possuem nacionalidade portuguesa, pré-requisito para grande parte dos professores-imigrantes lecionarem em Portugal. Estes dados mostram não só a presença destes profissionais, mas um crescimento destes no sistema de ensino português

Dessa forma, este capítulo apresenta resultados de uma investigação realizada no âmbito do meu doutoramento, sobre a problemática da inserção dos professores-imigrantes no sistema de ensino público português, visando compreender as suas experiências de vida no país de acolhimento e os processos de (re)construção de suas identidades profissionais, aspectos fundamentais na dinâmica da prática profissional (Goodson, 1995).

Para tanto, este capítulo teve duas grandes questões norteadoras: i) o que significa ser professor-imigrante em termos identitários? ii) De que maneira o fato de ser imigrante influencia o que estes professores consideram ser, tanto a nível pessoal quanto profissional?

Caminhos da pesquisa

Esta investigação, com um caráter autobiográfico (JOSSO, 2004), tem como marco teórico-metodológico os estudos em história oral, para o qual o sujeito da pesquisa é detentor de um conhecimento prático que forma concepções de vida e orienta suas ações, reconhecendo que o sujeito não está limitado à experiência do 'aqui e agora' (HORSDAL, 2012).

Nessa abordagem, é através da memória construída nas narrativas que pode atingir-se a coletividade a que pertence o narrador, neste caso, os professores-imigrantes que atuam no 1º Ciclo de Educação Básica (CEB) na Grande Lisboa, revelando através deles, características do grupo, comportamentos, concepções, ideologias e valores. Vale ressaltar que não se trata de reduzir as condutas a comportamentos-tipo, mas de interpretar as experiências biográficas à luz de um contexto específico (LEVI, 2002).

Especificamente na área de Formação de Professores, as narrativas têm sido um método de investigação eficaz, na medida em que, ao relatarem suas experiências de formação e docência, os professores tendem a articulá-las aos seus grupos de convívio, à família, à escola, e à sociedade, que funcionam como lugares de construção e reprodução de padrões (FREITAS & GALVÃO, 2005). Dessa forma, a abordagem das narrativas autobiográficas enquanto método de investigação científica vem-se desenvolvendo sob uma perspectiva particular: a de estabelecer a relação entre a pessoa e o mundo e, assim, fazer compreender a inquestionável implicação entre o eu e o outro, entre a singularidade de uma vida e a história coletiva de um acontecimento, de um grupo, de uma época. De fato, a pessoa não vive e nem se faz sozinha e a sua trajetória tem uma implicação histórica e social, ou seja, sua forma de ser e estar no mundo tem a ver com as condições contextuais e existenciais que marcam toda sua vida.

Neste sentido, a potencialidade das narrativas autobiográficas, enquanto instrumento e procedimento de pesquisa, está no fato que as histórias de vida podem ser um meio de apreensão e análise dos contextos.

Este capítulo irá centrar-se na análise das entrevistas de seis professores-imigrantes imigrantes que atuavam ou tinham atuado no 1º CEB da Grande Lisboa, sendo dois do género masculino, Apostol (Bulgária) e Jacques (Bélgica), e quatro do género feminino, Aurea (São Tomé e Príncipe), Elena (Espanha), Florina (Roménia) e Luzia (Brasil)[1].

Para a realização das entrevistas, buscamos professores do 1º ciclo[2] que, para além de terem nascido em outro país, que não Portugal, tenham crescido e se formado no país de origem.

Estes requisitos justificam-se ao considerarmos que a escola também prepara seus futuros professores (BOURDIEU & PASSERON, 1982). Ou seja, a formação docente ocorre antes da escolarização profissional formal (GARCIA, 1999). Os docentes, carregam suas estruturas reguladoras para o trabalho em sala de aula e estimulam os alunos com base nessas mesmas estruturas. Para além disso, ter como requisito a formação profissional no país de origem é importante se considerarmos que "a educação é prática simultaneamente técnica, ética e política, atravessada por intencionalidade teórica e fecundada por uma significação simbólica, conceitual e valorativa" (SEVERINO, 2002, P. 84) e que, neste sentido, a formação também deverá contemplar estes diversos domínios, considerando as culturas vividas pelos sujeitos envolvidos. O contexto em que é realizada a formação do educador é obrigatoriamente um espaço valorativo, em que os valores estão presentes em todo o processo, embora nem sempre se tenha consciência plena desta presença ou de suas interferências. Todas as decisões toma-

---

[1] Nomes fictícios.

[2] Em Portugal, o ensino básico organiza-se em três ciclos, sendo o primeiro de 4 anos (do 1º ao 4º ano) e frequentado pelas crianças dos 6 aos 9/10 anos de idade.

das nos processos de formação e auto-formação do educador, as escolhas feitas, as significações, as atribuições, os comportamentos desejados, as atitudes assumidas, implicam procedimentos valorativos nem sempre claramente compreendidos e explicitados.

Ser e sentir-se imigrante

Em seu trabalho *Immigrant teachers: stories of self and place*, Elbaz-Luwisch (2004), ao analisar a identidade dos professores imigrantes em Israel, questiona: *Quem é um imigrante?*

Esta pergunta surge, quando os professores participantes na investigação de Elbaz-Luwisch não se assumem enquanto imigrantes. Apesar de não discutir em seu trabalho o que caracterizaria um imigrante, Elbaz-Luwisch mostra como a definição de imigrante ultrapassa as "definições oficiais" definindo-se, também, através do modo como o indivíduo se vê e como é visto pelos outros.

Apesar dos professores entrevistados, no presente estudo, valorizarem o fato de terem "recomeçado" e vivido um processo de aprendizagem e transformação, como por exemplo, Aurea revela: "as coisas todas que a gente aprende, reaprende ou adapta quando vai pra outro país", assim como os professores entrevistados por Elbaz-Luwisch (2004), Apostol, Aurea e Luzia não se consideram imigrantes:

> Então, tas a ver? Foi até fácil no fundo... Por isso falo que não sou imigrante... apesar de comemorar meu aniversário [da chegada em Portugal] (risos), não sou como os que vêm pra cá e trabalham em más condições, sem apoio, sem conhecimento... Eu vim e tinha uma estrutura por trás... (Luzia)

> Eu não sei se sou imigrante! Uns anos atrás publiquei uns artigos numa revista (...) e apareceu meu nome e depois: "Radicado em Portugal" (risos). Achei graça

> e fui procurar no dicionário o que era radicado, né?
> Não me sinto imigrante, talvez hoje em dia com a
> globalização poderia me sentir imigrante? Não sei...
> são experiências diferentes... (Apostol).

> A primeira vez é que fui (imigrante)... Como posso
> dizer... das duas experiências que tive... de mudar de
> país... foram experiências muito diferentes... E a pri-
> meira foi o que podemos dizer que 'comi o pão que
> o diabo amassou'... fui mesmo imigrante, sabe? Pre-
> ta, pobre, SEF [Serviço de Estrangeiros e Fronteiras]
> ... (risos). Nada coloca mais a tarja de: você não é
> daqui, como o SEF, né? (Aurea).

Ao afirmarem, em seus discursos, que não são, não se sentem imigrantes, os professores, em geral, apresentam fatores que,
na visão deles, estão associados ao termo imigrante: más condições
de trabalho, falta de apoio, ser preta e pobre e ir ao SEF são alguns
deles. Estes fatores correspondem aos estereótipos de imigrante
nas diferentes sociedades e que, de certo modo são assimilados
pelos próprios imigrantes, pelo menos os mais qualificados, como
são os imigrantes deste estudo.

Estas associações à palavra imigrante não são novidade,
pois como apresentam Bryceson e Vuorela (2002), o termo carrega em si, conotações de classe, sendo mais facilmente aplicado em
pessoas de baixa classe económica e que buscam, com a mobilidade, melhores condições de vida.

O fato destes professores não se sentirem ou não se reconhecerem enquanto imigrantes, fez-me repensar a minha posição
tanto pessoal quanto investigativa. Pessoal porque *ser imigrante* para
mim, sempre se resumiu ao fato de estar fora do meu país de origem, e mesmo consciente dos estereótipos associados ao termo, o
fato de ter mais estrutura (financeira) não seria fator determinante
para alguém ser ou não imigrante; Investigativa porque desde o iní-

cio assumo que estes professores são imigrantes, algo com o qual eles não se identificam.

Também é certo, que não estava a espera que os professores se sentissem imigrantes 24 horas por dia. Como ressalta Elena, existem momentos em que o "ser imigrante" torna-se evidente: "Sinto-me imigrante quando, por exemplo, quando vou ao SEF, não é?"

Antes de mais, esta fala ressalta um fator importante destes discursos e que nos dá pistas para esta discussão: a diferença entre *ser* imigrante e *sentir-se* imigrante.

Ser imigrante, não aparece enquanto questão neste trabalho. Estes professores nasceram, cresceram e se formaram em outros países e migraram para Portugal. Neste sentido, diante da sociedade portuguesa estes professores são imigrantes.

Obviamente, o fato de serem imigrantes não restringe os professores em termos identitários, como se este fato os "etiquetasse", até porque, como ressalta Vieira (2009), "não somos apenas uma única coisa facilmente definível" (p. 12).

Entretanto se o *ser* imigrante não é questionável, o *sentir-se* levanta duas questões: não se sentir imigrante é uma forma de fugir do estereótipo associado à imigração? Não se sentir imigrante é resultado da integração destes professores na sociedade portuguesa?

Dentro dos próprios estudos sobre a mobilidade de indivíduos para diferentes países, existe uma diferenciação, que destaca o aspecto financeiro e a qualificação profissional para diferenciar os imigrantes, surgindo uma nova categoria: expatriados.

Trabalhos dentro da área de *management* destacam que, apesar de não haver uma diferença clara entre os conceitos, imigrantes seriam os indivíduos que se mudam de um país em desenvolvimento para outro desenvolvido em busca de trabalho (Baruch, Budhwar & Khatri, 2007), enquanto os expatriados se descolam com vínculos laborais seguros, no país de origem ou com ligação a empresas multinacionais e desempenham altos cargos. Outro fator diferenciador seria que os imigrantes, de forma oposta aos expatriados, possuem uma maior perspectiva de permanência no país de destino, além de possuírem um *status* social geralmente inferior na sociedade de destino (BERRY, 2009), enquanto os expatriados seriam indivíduos melhor integrados no país anfitrião.

Se por um lado Al Ariss (2010) afirma que os expatriados devem necessariamente ser aqueles oriundos de países desenvolvidos, por outro, Araújo, Cruz e Malini (2011) destacam a qualificação para atuar em posições gerenciais e não o país de origem como "requisito" que qualifica o indivíduo como expatriado.

Apesar dos professores participantes do estudo não se encaixarem neste perfil de expatriado, pois não pertencem a altos cargos e, inclusive estiveram, no período inicial em Portugal, em trabalhos considerados precários; estes professores também não se identificam com esta visão de imigrante, refutando-a e afirmando não serem capazes de passar pelo que os imigrantes passam:

> Eu sou um caso especial! (risos) Relativamente... O que passam os imigrantes no país que escolheram? Eu tive contato, tive contato pela minha maneira de ser... Há uns anos atrás, umas pessoas conhecidas me ligaram para saber se eu podia arranjar qualquer coisa, mas era uma estadia temporária. A seguir alugaram uma casa, depois apareceram outros búlgaros... Um rapazinho que vivia numas barracas trabalhava na construção civil, estava ilegal... e comecei a acompanhar de perto. Todo o processo de mobilização, trabalho, as vidas profissionais de cada um... e o que que tinham passado. Aliás são histórias... que para mim davam para escrever um livro! E eu não sei se eu tinha espírito para passar pelo que passam alguns

imigrantes que eu conheço. São pessoas muito boas. Um deles foi extraditado, de França, diz que foi a primeira vez na sua vida que andou de avião, e quando estava ao lado do polícia disse até: "Desculpe lá, mas importa que eu sente ao pé da janela?" (risos). Porque ele vinha de França pra cá. Foi extraditado... Mas as histórias de passar as fronteiras, porque antigamente ainda haviam as fronteiras... Passar as fronteiras a pé, chegar em Portugal pedir um café e pedirem escudos e: "Ah, caramba! Estou em Portugal!". Espírito destes acho que não tinha (Apostol).

Apesar deste discurso, um dos primeiros trabalhos de Apostol foi na construção civil, trabalho associado por ele aos imigrantes. Este distanciamento entre o que ele é e o que representa ser imigrante destaca a relação de dependência entre identidade e diferença apontada por Silva citado por Vieira (2009):

A forma afirmativa como expressamos a identidade tende a esconder essa relação. Quando digo *sou brasileiro* parece que estou fazendo referência a uma identidade que se esgota em si mesmo. *Sou brasileiro* – pronto. Entretanto eu só preciso fazer esta afirmação porque existem outros seres humanos que não são brasileiros. Num mundo imaginário totalmente hemogéneo, no qual todas as pessoas partilhassem a mesma identidade, as afirmações de identidade não fariam sentido (p. 11-12).

Ao afirmar que não é imigrante, Apostol, assim como Aurea e Luzia, busca diferenciar-se de um estereótipo de imigrante. Dizer o que não sou, também define o que sou.

Entretanto, como já citado, apesar de refutarem o termo imigrante, em alguns momentos o fato de *ser de fora* é posto em evidência e o *sentir-se* imigrante surge enquanto consequência.

Ancorando-me na minha trajetória em Portugal, alguns fatores mostram-se determinantes para o meu *sentir-me* imigrante. Fatores estes que coincidem com os apresentados pelos professores entrevistados e por isso exponho aqui.

O primeiro deles é a língua. Se por um lado, em quase todas as conversas que tenho, o meu sotaque é destacado enquanto um elemento que me diferencia dos portugueses e me caracteriza como brasileira, por outro, para os brasileiros, eu já "falo como uma portuguesa". Assim como eu, Luzia e Aurea também destacam este *entre-lugar*, no qual o sotaque nos coloca:

> Agora minha mãe diz que eu também falo igual [aos portugueses] ... Mas é uma coisa muito estranha! Quem tá lá [no Brasil] diz que eu falo o português de Portugal, quem tá aqui diz que eu falo português do Brasil... é uma confusão! Brinco que já não sei mais quem eu sou! (risos) (Luzia)

> Aqui toda gente continua a gozar do meu r! Mas quando vou para São Tomé, ou quando falo com alguém por telefone... me chamam de portuguesa! (Aurea)

Este hibridismo, que nos coloca questões, quase que existenciais, "trata-se de um processo de tradução cultural, agonístico uma vez que nunca se completa, mas que permanece em sua indecidibilidade" (HALL, 2003, P.74)

Para García Canclini (2011), este hibridismo tem uma perspectiva positiva, que se fundamenta, especialmente, no multiculturalismo como um espaço que possibilita o diálogo entre as culturas e que se traduz em um fator novo, resultante do embate entre duas culturas diferentes.

Neste trabalho, assumo a perspectiva de Hall (2003) e Homi Bhabha (2010), na qual o hibridismo seria um processo resultante do choque, do embate, não se tratando de um simples processo de adaptação e ressignificação cultural.

Se a língua aparece enquanto fator de diferenciação, que relembra que não "somos de cá", "nem de lá", são os episódios de preconceito e xenofobia que determinam que "nunca seremos daqui".

Ao contarem suas trajetórias os professores afirmaram que não tiveram inicialmente problemas de integração, por serem oriundos de outros países, porém, a medida que vão tecendo suas histórias algumas situações "constrangedoras" começam a surgir, seja "constrangedora no sentido de ser olhada, sei lá... porque eu era diferente"; por estar numa posição característica de um cidadão português durante um referendo, "o que faz um Búlgaro numa mesa [de voto]..." (Apostol); ou situações que levantam questões históricas como o colonialismo e o racismo:

> Isso do colonialismo ainda está muito presente... E sei que se fosse branca não tinha passado por muita coisa... Mesmo com a família do meu marido! A mãe dele ... ai as sogras! (risos) Quando cheguei, na segunda vez... Que vinha pro contexto português, diríamos assim... Quando cheguei tive um almoço de família pra conhecer a família do meu marido... Eu já sabia que podia enfrentar alguns problemas... Ele tinha-me falado... E o almoço foi muito estranho! Teve uma hora no almoço... Ai... Já não lembrava disso há algum tempo... Porque como te disse, estas coisas deixamos passar... E hoje tenho uma boa relação com a minha sogra... Imagina, ela já está bem velhinha e eu que vou com ela pra todo lado! Quando acontece alguma coisa não é pra filha que ela liga... É o meu telefone que toca! Mas pronto... No início... naquele almoço ouvi alguns comentários do tipo: "bem sabia que meu filho ia seguir os passos do pai!"... Imagina! Isso porque o pai dele teve em Moçambique e teve lá um caso! Um caso... Arranjou outra mulher! Teve um filho lá... Aqueles filhos que ninguém conhece! E ela logo fez esse tipo de comparação... Aí depois quando ficou a me conhecer

> melhor... Que viu que eu queria trabalhar, que gosta-
> va mesmo dele... Que eu já tinha nacionalidade... Aí
> as coisas amansaram... Mas foi difícil! (Aurea)

Para Aurea, o fato dela ser preta fez com que ela passasse por determinadas situações, que se fosse branca não passaria.

Relacionando *raça* e *colonialismo*, Vala et al. citado por Vale de Almeida (2000) ressaltam que:

> (...) é comum pensar que a especificidade da nossa cultura e da nossa história colonial, a fácil miscigenação dos portugueses com outros povos, o facto de muitos negros residentes no país serem cidadãos nacionais, ou o facto de a maioria dos imigrantes africanos serem provenientes das antigas colónias, contribuiriam para a especificidade de um eventual racismo em Portugal. No fundo esta ideia é ainda uma consequência da ideologia "luso-tropicalista[3]" e é alimentada por actores políticos de diferentes quadrantes. Ora, o que o conjunto dos resultados apresentados mostra é que as crenças racistas se organizam em Portugal de forma semelhante à de outros países europeus, que os factores que estão na sua génese não são significativamente diferentes daqueles que subjazem ao racismo subtil ou flagrante noutros países e que em Portugal, tal como nos restantes países europeus, a norma anti-racista incide sobre o racismo flagrante mas não sobre o racismo subtil... (p. 199).

Esta "sutileza" é, também, apontada por Cabecinhas (2002), uma vez que este afirma que na sociedade portuguesa os sujeitos oriundos das ex-colónias africanas, caso de São Tomé, possuem um menor estatuto social e não são diferenciados em termos de grupos nacionais. Ao contrário, são frequentemente homogeneizados sob a classificação de "africanos" ou "pretos".

---

[3] O luso-tropicalismo é um conceito desenvolvido por Gilberto Freyre que afirma que o povo português possui uma aptidão para se relacionar com terras e gentes tropicias, tendo uma capacidade instrínseca, resultante de uma origem étnica híbrida, devido à sua proximidade com o continente africano e do longo contacto com os mouros e judeus, que manisfesta-se através da miscigenação e da interpretação de culturas. Ver mais em: Freyre, Gilberto, 1961, O Luso e o Trópico. Sugestões em Torno dos Métodos Portugueses de Integração de Povos Autóctones e de Culturas Diferentes da Europeia Num Complexo Novo de Civilização: o Luso-Tropical, Lisboa, Comissão executiva das comemorações do V Centenário da Morte do Infante Dom Henrique (Congresso Internacional de História dos Descobrimentos).

O discurso de Aurea evidencia o fator do preconceito racial. Também Jacques, relata um episódio que demonstra como este preconceito se reflete, também, na escola. Jacques conta de um colega, professor oriundo da Guiné-Bissau, que ao chegar para trabalhar na escola teve problemas com os pais dos alunos, que não aceitavam que um professor negro ensinasse seus filhos, mesmo que naquela escola a "concentração de alunos de origem Cabo Verdiana chegasse aos 85-90%, completamente diferente da porcentagem que existe na população, mesmo metropolitana, não deve chegar a 30%..." (Jacques).

Esta é uma realidade característica do sistema educativo português, onde apesar da presença significativa de cidadãos africanos e afrodescendentes, quase não se encontram professores africanos ou de origem africana. Questionado sobre o porquê de nunca ter tido este tipo de problemas, Jacques afirma ter algo a favor. "(...) eu vim lá dos países que sabem! (risos)".

Em outra perspectiva, ainda com referência ao preconceito, Luzia relata uma situação marcante em sua trajetória:

> Então... essa foi uma situação muito triste pra mim... mas foi a única! Sabe que ser brasileira as vezes não é fácil! E nesse momento foi a única vez que queria ser de outra nacionalidade... (...) Bom... o que aconteceu foi assim... No Brasil eu costumava fazer reunião de pais com todos os pais, todos juntos... Achava mais fácil, porque tem alunos que não temos muito o que dizer... e aqueles que precisavam de mais tempo eu falava individualmente depois da reunião coletiva... Porque tem sempre assuntos de interesse geral, né? Bom, aqui, na escola onde eu trabalhava, as professoras costumavam fazer reuniões individuais... ou seja, cada pai tinha um horário, né? E eu na altura resolvi fazer assim também (...) Então, tinha um pai, que era o encarregado de educação do filho, um pai muito presente, sabe? O filho

tinha muitos problemas de aprendizagem, tinha uma
história muito complicada... A mãe tinha morrido
por causa de drogas... Ai assim como todos os pais
ele tinha meu telefone e no dia da reunião me ligou
perguntando se não podía ir mais tarde, porque ele
ia ser atendido no início das reuniões (...) Olha, não
me importei! Achava importante era que ele viesse...
e se tivesse que ficar mais um pouquinho, né? Então
ele chegou e eu fiz o atendimento como fiz com os
outros pais... E depois ele começou a mudar o tom
da conversa... Sabe, ele não tentou me agarrar, não,
nada disso... Mas começou a falar que estava muito
tempo sozinho e que não se importava de ter uma
brasileira como eu ao lado dele! Acredita? Olha, fiquei tão furiosa! Num primeiro momento não relacionei o fato deu ser brasileira, relacionei ao fato
de ser mulher! E mudei logo a conversa e dei por
encerrada a reunião... e pensei, pronto, já colocaste o
limite. Acredita que depois disso ele começou a me
mandar mensagens? Olha, foi uma situação muito
embaraçosa. Tive uma reunião com ele e a coordenadora para colocar os pingos nos is, como se diz. E
no meio da reunião ele pediu desculpa e disse que eu
devia ser uma brasileira diferente e que ele tinha se
confundido! Acredita menina? Brasileira diferente?
Como assim? Aquele dia foi pra esquecer! Saí da escola mesmo aos prantos... Depois disso ele só falava
comigo o necessário. Sabe, se você falasse assim pra
mim: "Luzia, em Portugal vais ter problemas com os
homens...". Eu ia pensar: "Ok, eu sei me defender!".
Mas sabe, nunca tinha passado pela minha cabeça
que isso aconteceria na escola... No meu lugar de trabalho (...) Depois disso comecei a adotar uma postura diferente, não que a culpa tivesse sido minha,
sabe? Mas comecei a me resguardar mais... É uma
chatice, mas quando se refere aos homens sou muito
seca... É chato porque eu deixo de ser um bocado
como sou, sabe? Não quero viver pensando no estereótipo, mas eu não posso esquecer que ele existe... e
não quero dor de cabeça!

Este relato da Luzia mostra que as histórias dos professores são também tecidas de acordo com as relações de poder e estereótipos historicamente construídos com os lugares para onde imigraram (ELBAZ-LUWISCH, 2004).

No que se refere ao lugar da mulher brasileira dentro do cenário imigrante em Portugal, muitos são os estudos que abordam esta temática (eg. PISCITELLI, 2008; PONTES, 2004; RAPOSO & TOGNI, 2009) que expõem como a mulher brasileira é vista, em geral, na sociedade portuguesa.

> Tanto o relato de Aurea, quanto o de Luzia e o de Jacques, demonstram a diversidade de maneiras como as relações de poder aparecem e indicam várias questões que poderiam ser abordadas. O objetivo aqui é ressaltar a importância de estar atento às relações de poder, aos estereótipos e preconceitos e como estes se refletem naquelas e vice-versa. A existência de grupos sociais e culturais privilegiados, que oprimem os outros grupos culturais, perpetua um processo de hegemonia, que é reforçado através da internalização da opressão por parte dos oprimidos (GALL, GALL & BORG, 2007). A aceitação tácita dos padrões preexistentes de desigualdade cultural por parte dos novos membros de uma cultura gera processos de reprodução da opressão, que sustentam essa mesma hegemonia. (FREIRE, 2014)

Estas situações, passadas por Aurea e Luzia, bem como as situações apresentadas pelos outros professores, relembram, periodicamente, que eles são imigrantes. Apesar disso, não posso ignorar o fato dos professores não se reconhecerem como tal, uma vez que a identidade do indivíduo "é um processo de interpretação de si mesmo enquanto indivíduo enquadrado em determinado contexto." (MARCELO, 2009, P. 12).

Entretanto, esta diferenciação tem uma estreita conexão com as relações de poder como aponta Silva (2000):

> Afirmar a identidade significa demarcar fronteiras, significa fazer distinções entre o que fica dentro e o que fica fora. A identidade está sempre ligada a uma forte separação entre "nós" e "eles". Essa demarcação de fronteiras, essa separação e distinção, supõem e, ao mesmo tempo, afirmam e reafirmam relações de poder. "Nós" e "eles" não são, neste caso, simples distinções gramaticais. Os pronomes "nós" e "eles" não são, aqui, simples categorias gramaticais, mas evidentes indicadores de posições-de-sujeito fortemente marcadas por relações de poder (p. 76).

Cuche (1996), também destaca a importância das relações de poder na reconstrução e construção de identidades, mas numa outra perspectiva. Para o autor, a identidade é uma manifestação relacional, na qual existe uma negociação, entre uma definição de si mesmo e uma definição pelos outros. Neste sentido,

> A identidade se constrói e se reconstrói nas trocas sociais. Essa concepção dinâmica se opõe àquela que vê a identidade como um atributo original e permanente que não poderia evoluir. Trata-se então de uma mudança radical de problemática que coloca o estudo da relação no centro da análise e não mais a pesquisa de uma suposta essência que definiria a identidade. (CUCHE, 1996, P. 183)

Nesta perspectiva, ao colocarmos esta relação no centro de análise e considerarmos as forças simbólicas que perpassam esta relação, Cuche (1996), destaca que não cabe ao pesquisador, então, definir identidades, mas sim os processos de identificação, "elucidar as lógicas sociais que levam os indivíduos e os grupos a identificar, a rotular, a categorizar, a classificar e a fazê-lo de uma certa maneira ai invés de outra" (p. 188).

No caso dos professores entrevistados, esta negação do "rótulo" imigrante está relacionada com as relações de poder. Ser imigrante, como já citado anteriormente, relaciona-se numa primeira instância, à pobreza, ao pouco estudo, aos trabalhos considerados inferiores, entre outros, por isso ser professor, possuir qualificação profissional e ter estabilidade financeira seriam fatores que os diferenciariam dos imigrantes.

Apesar dos professores entrevistados negarem, em um primeiro momento, a condição de imigrante, quando falaram acerca da prática pedagógica em Portugal, ressaltaram em seus discursos, situações que novamente os colocam como "de fora".

Estes professores ressaltam o fato de terem de se "reinventar", adaptando os processos de ensino-aprendizagem e a linguagem utilizada ao novo contexto; tendo dificuldades de reconhecimento perante os pais das crianças e os colegas de trabalho; e, por isso, desenvolvem mecanismos que favoreçam sua prática, tornando-a uma experiência formativa.

Nesta perspectiva, ao considerar que a identidade profissional não está, de maneira alguma, desconexa da identidade pessoal, estes professores constroem e reconstroem sua identidade profissional ao longo da carreira, influenciando e sendo influenciada pelas vivências pessoais e profissionais (MONTENEGRO, FREIRE & CAETANO, 2015). Tais influências sugerem que os professores imigrantes ao adaptarem-se ao novo contexto profissional, enfrentam, por vezes, dificuldades, por carregarem uma "bagagem" formativa e cultural que entra em choque com a cultura profissional onde estão imersos.

Peeler e Jane (2005) também reforçam a importância do passado cultural e formativo dos professores:

> Para os profissionais imigrantes, novos no sistema, a mera transmissão de conhecimentos não é suficiente e não satisfaz a sua percepção enquanto profissional... Os professores que são nascidos e formados

> no exterior possuem um conhecimento educacional
> específico de uma cultura. Esta situação pode iniciar
> dilemas no seu desenvolvimento profissional e mu-
> danças em sua definição de si mesmo. A aquisição
> de novos conhecimentos exige, destes professores,
> a compreensão de elementos sociais de ensino e
> aprendizagem em contextos locais (p. 325).

A necessidade de atender aos quadros políticos e históricos, dentro dos quais as vidas dos professores são vividas e suas histórias elaboradas é destacada por Elbaz-Luwisch (2004), porém, segundo a autora, falta, nesta discussão, destacar que os professores ensinam em um *lugar*, "um determinado *lugar* que não é só específico e distinto de outros *lugares*, mas que tem significado e que importa para as pessoas que o habitam" (p. 387-388). Por isso, os professores precisam criar para si, algum "sentido do lugar".

Neste sentido, a 'bagagem' cultural e profissional que o professor-imigrante possui quando chega para trabalhar em um novo contexto deve ser considerada, uma vez que também é fator que influencia sua prática docente e pode constituir uma riqueza acrescida para o novo ambiente e que trabalha, desde sua formação no âmbito formal, quanto a sua vivência na escola e na sociedade de origem.

Uma das "peças" desta 'bagagem' trazida pelos entrevistados e que é citada em todos os discursos dos professores ao contarem suas trajetórias é a língua. Os professores destacam a diferença linguística enquanto um fator que não causa "problemas" na sua prática pedagógica e que foi sempre bem aceite pelos pais e alunos. Mais que isso, Apostol e Jacques destacam como utilizaram esta "lacuna" linguística enquanto momento de aprendizagem recíproca.

Esta positividade em relação a utilização da língua não é comum nos trabalhos sobre professores-imigrantes, que de forma oposta, ressaltam o receio quanto a aquisição da língua do país de acolhimento, bem como a falta de confiança decorrente deste desconhecimento linguístico (FAEZ, 2010; CHO, 2010).

Curiosamente, Aurea e Luzia, que possuem o português como língua materna, são as professoras que mais destaque dão aos percalços vividos em suas trajetórias, relacionados ao sotaque.

> Ah, tem sempre uma piada pra fazer com o sotaque, por exemplo! De que meus alunos poderiam começar a falar "abrasileirado"... Eu tenho consciência disso. Tento falar com eles o mais "português" possível, não falo da maneira que estou falando aqui com você... Porque eu sei que eles são portugueses e que eu estou em Portugal... Mas também não vejo problema se meus alunos usarem algumas expressões brasileiras por minha causa... Alguns colegas, não foi por mal, tenho certeza, mas alguns colegas já fizeram piada sobre isso, sabe? Eu não digo nada, porque não vale a pena... Mas isso as vezes custa um bocado... Só teve uma vez que eu me passei! (risos). Foi com uma colega minha alentejana! Eu disse pra ela: "Ok, meus alunos podem falar mais cantado, mas e os seus? Falam alentejano e nunca ninguém disse nada!". Essa coisa da língua é muito forte, né? Por vezes, nem parece que falamos todos português, mas acho que tem que aproveitar essa riqueza! Mas pronto... essa foi a única vez que falei alguma coisa... no geral fico calada.

Este discurso de Luzia demonstra três diferentes momentos: conflito latente, quando os colegas de Luzia "fazem piada" do seu sotaque: "Eu não digo nada, porque não vale a pena... Mas isso as vezes custa um bocado..."; evitamento, quando Luzia tenta modificar sua forma de falar perante os alunos; e confronto, quando Luzia leva a sua colega de trabalho a reflectir sobre o seu sotaque alentejano, diferente do da maioria dos portugueses. Este último caso, o confronto, pode ser uma situação potencialmente positiva para uma tomada de consciência de que todos somos diferentes e que essas diferenças podem ser enriquecedoras.

Entretanto, para Cho (2011), a "discriminação com base no sotaque é uma forma grave e generalizada de racismo e que frequentemente não é reconhecida" (p. 8), causando falta de confiança nos professores-imigrantes. Esta falta de confiança pode ser justificada ao pensarmos que a língua, além de ser um instrumento de comunicação, é também um instrumento de poder, pois para além de buscarmos ser compreendidos, procuramos ser obedecidos, acreditados, respeitados e reconhecidos (BOURDIEU, 1994).

Ao considerar que a língua constitui-se, também, como uma das dimensões da pertença identitária (Brito & Martins, 2004), estamos a destacar que a relação entre a identidade cultural e pessoal destes professores é um dos aspectos mais importantes de sua identidade profissional e que a (re)construção da identidade destes docentes é alcançada no processo de ensino da língua, envolvendo a negociação de adesão e legimidade perante pais e alunos.

Ao referenciar uma identidade multicultural, Vieira (2009) diferencia o indivíduo *oblato* do indivíduo *trânsfuga intercultural*. O sujeito *oblato* busca assimilar a nova cultura, transparecendo que àquela sempre fez parte do seu *eu*. Entretanto, "a matriz da cultura de origem marca-o na linguagem, na indumentária, na estética, no consumo..." (VIEIRA, 1999 citado por VIEIRA, 2009, p. 40). Já o *trânsfuga intercultural* assume-se enquanto "produto de várias culturas que atravessa e que o atravessam, constrói uma identidade pessoal e culturalmente mestiça. Esta mestiçagem é idiossincrática, única." (VIEIRA, 2009, p.40).

Esta mestiçagem está presente na fala destes professores, que ao tentarem se adaptar e aprender a nova linguagem, ganham aspectos linguísticos únicos que passam a fazer parte de quem são.

Entretanto, ao considerar que "a identidade não é somente um *constructo* de origem idiossincrática, mas fruto de interações sociais" (GATTI, 1996, P.86), a relação que estes professores estabeleceram com a comunidade escolar influenciam e influenciaram esta (re)construção identitária.

Considerações Finais

A escola é um "reflexo da sociedade", como afirma Aurea, e como revelam algumas das situações expostas, por vezes estes professores sentem-se imigrantes dentro do contexto escolar.

Ao relatarem suas trajetórias os professores apresentam as relações estabelecidas com alunos, pais e colegas de trabalho, enquanto momentos para afirmarem quem são e serem reconhecidos enquanto profissionais.

Indo contra a corrente dos estudos sobre professores-imigrantes, que ressaltam que os professores, para terem sucesso no novo contexto, precisam mudar suas práticas, Apostol e Florina fazem questão de manter certas características, estas que seriam definidoras do tipo de professores que são. Este fator, talvez possa ser explicado, ao utilizarmos a noção de *habitus*, que enquanto estrutura reguladora, estabelece também o trabalho em sala de aula, onde os alunos serão estimulados com bases nessas estruturas.

De uma maneira ou de outra, todos os professores apontaram a importância dos sujeitos envolvidos na comunidade escolar, para o reconhecimento profissional e para a validação de que são bons professores, mesmo não sendo de *cá*.

Para Sainsaulieu, citado por Dubar (1997, p.115-117), as relações de trabalho são o "lugar" onde se vive "o confronto dos desejos de reconhecimento num contexto de acesso desigual, movediço e complexo". É precisamente o "reconhecimento da identidade para os e nos investimentos relacionais dos indivíduos" que está em causa, podendo tornar-se conflituoso "entre os indivíduos portadores de desejos de identificação e de reconhecimentos e as instituições que oferecem estatutos, categorias e formas diferenciadas de reconhecimentos".

Na mesma linha de análise sistémica da problemática do reconhecimento profissional do professor, Lang (2009) salienta:

> A credibilidade do conhecimento na educação não constitui apenas uma questão interna de um grupo profissional em sentido mais lato: ela traz-nos igualmente o reconhecimento externo da qualidade do professor, em termos quer de eficácia, de performance, de qualidade dos resultados do sistema educativo na sua globalidade ou de como o estabelecimento vê a classe (a reputação ou imagem dos professores junto das famílias) e da valorização do trabalho (p. 300).

Esta busca por reconhecimento profissional não é um desejo exclusivo dos professores-imigrantes, entretanto, em seus processos de negociação no novo contexto escolar, estes professores são frequentemente confrontados com as histórias pedagógicas concorrentes em suas culturas de fundo e nos novos contextos escolares, tornando este reconhecimento profissional tão importante quanto o reconhecimento burocrático ao qual foram submetidos e sem ele não poderiam lecionar.

Para finalizar, estas negociações pessoais e profissionais presentes nas trajetórias destes professores resultam numa transformação e consequentemente numa aprendizagem e também numa mestiçagem (VIEIRA, 2009).

As experiências educacionais e de vida têm um impacto decisivo sobre as ações dos professores dentro e fora da sala de aula.

Os professores são, como já falado anteriormente, "moldados" pelos contextos sociocultural e histórico, impactando o professor em suas estratégias de ensino, nas interações com os alunos, entre outros. Neste sentido, as experiências e valores que o professor-imigrante traz para o seu ensino são marcadamente diferentes das dos professores nativos e podem ser valorizadas pela riqueza que podem trazer ao sistema de ensino e à sociedade com estas torcas de saberes e culturas.

Como Elbaz-Luwisch (2004) coloca, o conhecimento de onde você está e de onde você vem, se confunde com o conhecimento de quem você é, mesmo que você já não seja o mesmo.

Nesta perspectiva, a identidade dos professores-imigrantes, como a dos outros professores, é mutável e sofre influências do contexto no qual está inserido, sendo construída e re-construída por meio da relação com o outro (HALL, 2009).

Ao considerar que a identidade profissional não está, de maneira alguma, desconexa da identidade pessoal, os professores-imigrantes constroem e reconstroem sua identidade profissional ao longo da carreira, num processo evolutivo, influenciando e sendo influenciada pelas vivências pessoais e profissionais, no qual a alteridade desempenha um papel principal.

Referências

ABDALLAH-PRETCEILLE, M. **L'Éducation Interculturelle.** Paris: PUF. 2005

AL ARISS, A. Modes Of Engagement: Migration, Self-Initiated Expatriation, And Career Development. **Career Development International,** v. 15, n. 4, p. 338-358. 2010

ARAUJO, B. F. V. B.; CRUZ, P. B.; MALINI, E. A Adaptação de Expatriados Organizacionais e Voluntários no Brasil. In: 3Es, 5, 2011, Porto Alegre. **Anais...** Porto Alegre: ANPAD. 2011

BERRY, D. Expatriates, migrants, gender, race, and class. **Academy of Management,** Business Source Elite, Ipswich, p. 1-6. 2009

BHABHA, H. K. **O local da cultura.** Belo Horizonte: Ed. UFMG. 1998

BARUCH, Y.; BUDHWAR, P. S.; KHATRI, N. Brain drain: inclination to stay abroad after studies. **Journal of World Business,** v. 42, n. 1, p. 99-112. 2007

BOURDIEU, P. A economia das trocas linguísticas. In: ORTIZ RENATO (org.) **Pierre Bourdieu.** Coleção Grandes Cientistas Sociais, 2ª ed.. São Paulo: Ática. 1994

BOURDIEU, P. Sistemas de ensino e sistemas de pensamento. In: P., BOURDIEU **A economia das trocas simbólicas** (203-229). 5ª Ed. São Paulo: Perspectiva. 2004

BOURDIEU, P & PASSERON, J. C.. **A reprodução: elementos para uma teoria do sistema de ensino.** Tradução de Reynaldo Bairão. 2ª edição. Rio de Janeiro: Francisco Alves.1982

BRITO, R. H. & MARTINS, M. DE L. Considerações em torno da relação entre língua e pertença identitária em contexto lusófono. **Anuário Internacional de Comunicação Lusófona,** n. 2, 69-77. 204

BRYCESON, D. & VUORELA, U. **The Transnational Family: New European Frontiers and Global Networks.** Oxford: Berg, 2002.

CABECINHAS, R. **Racismo e Etnicidade em Portugal: uma análise pisicosociológica da homogeneização das minorias.** Braga, Universidade do Minho, Instituto de Ciências Sociais. (2002)

CANCLINI, N.G. **Culturas Híbridas estratégias para entrar e sair da modernidade.** São Paulo: Editora da Universidade de São Paulo. 2008.

CHO, CH. L. "Qualifying" as teacher: immigrant teacher candidates' counter-stories. **Canadian Journal of Educational Administration and Policy**, n.100. 2010

CHO, C.L. **Qualifying as a teacher: Investigating Immigrant Teacher Candidates' counter-stories of replication and resistance.** Tese de Doutorado. Toronto: York University. 2011

CRUICKSHANK, K. Towards diversity in teacher education: teacher preparation of immigrant teachers. **European Journal of Teacher Education.** Vol. 27 (2) p. 125-138. 2004

CUCHE, D. **A noção de cultura nas ciências sociais.** Bauru: EDUSC. 1996.

DIAZ-AGUADO, M. J. **Educação Intercultural e Aprendizagem Cooperativa.** Porto:Porto Editora. 2000

DUBAR, C.. **A Socialização. Construção das identidades sociais e profissionais.** Porto: Porto Editora. 1997

ELBAZ-LUWISCH, F. Immigrant teachers: stories of self and place. **International Journal Of Qualitative Studies In Education** *(QSE)*, *17*(3), 387-414. 2004.

FAEZ, F. Lisguistic and cultural adaptation of internationally educated teacher candidates. **Canadian Journal of Educational Administration and Policy.** n.100.2010.

FREITAS, D. E GALVÃO, C. O uso de narrativas autobiográficas no desenvolvimento profissional de professores. **Ciências & Cognição**, *12*, 219-233. 2005.

GALL, M. D., GALL, J. P. & BORG, W. R. **Educational Research. An Introduction.** Boston: Pearson International Edition. 2007

GARCIA, C. M. **Formação de professores para uma mudança educativa.** Porto: Porto editora. 1999

GATTI, B. A. Os professores e suas identidades: o desvelamento da heterogeneidade. **Cadernos de Pesquisa**, São Paulo, n. 98, p. 85-90. 1996.

GOODSON, I. F. Dar voz ao professor: as histórias de vida dos professores e o seu desenvolvimento profissional. In: A. NÓVOA. **Vidas de Professores** (63-78), 2ª ed. Porto: Porto Editora. 1995

HALBWACHS, M.. **A memória coletiva**. São Paulo: Vértice. 1990

HALL, S. Pensando a Diáspora (Reflexões Sobre a Terra no Exterior). In: SOVIK, L. (ORG.) **Da Diáspora: Identidades e Mediações Culturais.** Trad. Adelaine LaGuardia Resende. Belo Horizonte: Editora UFMG. 2003.

HALL, S. Quem precisa de identidade? In: TOMAZ. TADEU DA, SILVA (org.); HALL, STUART; WOODWARD, KATHRYN. **Identidade e Diferença: a perspectiva dos estudos culturais** (103-133), 9ª ed.. Rio de Janeiro: Vozes. 2009.

HORSDAL, M. **Telling lives - Exploring dimensions of narratives**. New York: Routledge. 2012.

INE-SEF/MAI, PORDATA (2014), PORDATA, Base de Dados. www.pordata.pt

JOSSO, M. C. **Experiências de vida e formação**. São Paulo: Cortez. 2004

LANG, V. Synthèse et discussion. Savoirs professionnels et professions enseignantes. In HOFSTETTER, RITA & SCHNEUWLY, BERNARD, (Eds). **Savoirs en (trans)formation. Savoirs en (trans) formation. Au Coeur des professions de l'enseignement et de la formation.** Bruxelles: De Boeck .2009

LEVI, G. Usos da biografia. In: AMADO, J. E FERREIRA, M. (Org.). **Usos &Abusos da História Oral**, (168-182) 5ª ed.. Rio de Janeiro: FGV. 2002

MARCELO, C. Desenvolvimento Profissional Docente: passado e futuro. **Sísifo. Revista de Ciências da Educação**, 08, pp. 7-22. 2009.

Migrant Integration Policy Index III. Brussels: British Council and Migration Policy Group. www.mipex.eu.

MONTENEGRO, M, FREIRE, I, CAETANO, A.P. A arte de se reinventar - Trajetórias e identidades de professores "imigrantes" em novos contextos culturais. In: FIALHO, N. H. & RAMALHO, B. L. (org). **Formação de Professores, Gestão e Inovação Pedagógica: desafios e experiências no Brasil e em Portugal.** Bahia: EDUNEB. 2015

MTSS (2012), *Colecção Estatísticas-Quadro de Pessoal.* Lisboa: MTSS.

NETO, F. & NETO, J. Adaptação Psicológica e Sociocultural de Jovens oriundos de famílias imigrantes indianas. **Psicologia, Educação, Cultura,** Vol. 13 (2) p. 241-257. 2009

NÓVOA, A. Os professores e as histórias da sua vida. In: A., NÓVOA (Org). **Vidas de professores**, (11-30). Porto: Porto Editora. 1995

PEELER, E., & JANE, B. Mentoring: Immigrant teachers bridging professional practices. **Teaching Education**, *16*(4), 325-336. 2005

PISCITELLI, A. Interseccionalidades, categorias de articulação e experiências de migrantes brasileiras. **Sociedade e Cultura**, Vol. 11 (2), 263-274. 2008

PONTES, L. Mulheres brasileiras na mídia portuguesa. **Cadernos Pagu**, (23), 229-256. 2004

RAPOSO, P. & TOGNI, P. C. **Fluxos Matrimoniais Transnacionais entre brasileiras e portugueses: género e imigração.** Lisboa: Estudos OI. 2009

SAM, D. L. & BERRY, J. W. **The Cambridge Handbook of Acculturation Psychology.** Cambridge: Cambridge University Press. 2006

SEF. **Relatório de Imigração, Fronteiras e Asilo 2011**: SEF/Departamento de Planeamento e Formação (Núcleo de Planeamento). Disponível em consulta WEB: http://sefstat.sef.pt/relatorios.aspx. 2011

SEVERINO, A. J. **Educação, sujeito e história**. São Paulo: Olho d'Água. 2002

SCHMIDT, C. Systemic Discrimination as a Barrier for Immigrant Teachers. **Diaspora, Indigenous and Minority Education**, (4), 235-352. 2010

SILVA, T. T. A produção social da identidade e da diferença. In Silva, Tomaz Tadeu. **Identidade e diferença**. Rio de Janeiro: Editora Vozes, p. 73-102. 2000

SILVA, M. C. V. **Diversidade cultural na escola: encontros e desencontros**. Lisboa: Edições Colibri, Coleção Pedagogia e Educação. 2008

VALE DE ALMEIDA, M. **Um Mar da Cor da Terra: raça, cultura e política da identidade** Lisboa: Celta. 2000.

VALENTA, M. Who wants to be a trabelling teacher?' Bilingual teachers and weak forms of bilingual education: the Norwegian experience. **European Journal of Teacher Education**. Vol. 32 (1), 21-33. 2009

VIEIRA, R. **Histórias de Vida e Identidades: professores e interculturalidade**, Porto: Afrontamento. 1999.

VIEIRA, R. **Identidades pessoais: interacções, campos de possibilidade e metamorfoses culturais**. Lisboa: Colibri. 2009

WOODWARD, K. Identidade e diferença: uma introdução teórica e conceitual. In: T. T. SILVA, (ORG.). **Identidade e Diferença: a perspectiva dos estudos culturais**, (7-72), 9ª ed. Petrópolis. Rio de Janeiro: Vozes, 2009.

Adoção tardia, imaginário coletivo e escola: quantas diferenças permeiam essa relação?

Giselle Cristina de Souza Dutra

> Há uma herança naquilo a que chamamos de educação; nela, a pergunta pela educação se volta, hoje, para nós mesmos para nos obrigar a ver bem. Ver bem a nossa pergunta, pois toda pergunta pode ser também um abandono, um nevoeiro ou um cruel convite à sinceridade. (SKLIAR, 2003)

O cotidiano escolar é um espaço/tempo de encontro de histórias, hábitos, culturas, vidas. É uma teia complexa de relações mediadas por uma instituição que, nem sempre, consegue lidar com a existência de tantos "outros". A partir desses encontros a escola torna-se um lugar de tensões na busca de compreender qual o seu papel e como agir para lidar com tantas demandas.

Por vezes, a pergunta sobre o que é Educação, diante da complexidade humana presente na escola, se perde "numa reprodução infinita de leis, de textos, de currículos e de didáticas" (SKLIAR, 2003, p. 40). Para o educador mais atento, essas reflexões produzem um grande desejo de mudança e transformação, produzem a busca de mais estudo e leitura, de experimentações, produzem dúvidas, produzem medo, e podem também provocar o contato com uma realidade sentida/vivida. Talvez algo brote disso.

> Tudo é possível com a mudança na educação: a insistência em uma única espacialidade e em uma única temporalidade, mas com outros nomes; a infinita transposição do outro em temporalidades e espacialidades homogêneas; a aparente magia de alguma palavra que se instala pela enésima vez, ainda que não nos diga nada; a pedagogia das supostas diferenças em meio a um terrorismo indiferente; chamar ao outro para uma relação escolar

> sem considerar as relações do outro com outros;
> e a produção de uma diversidade e uma alteridade
> que é pura exterioridade de nós mesmos; uma di-
> versidade que apenas se nota, apenas se entende,
> apenas se sente. (SKLIAR, 2003, p. 39)

A reflexão sobre multiplicidade de identidades presentes na escola, sobre as diferenças que compõem essas identidades e sobre a produção de uma alteridade autêntica perpassa pelo encontro com a realidade. Neste contexto, entre questões relacionadas à culturas, condições sociais, econômicas e de saúde, tratamos de outro recorte que pode ser transversal a todas essas dimensões humanas: a adoção de crianças e adolescentes. Dentro desse amplo campo de discussão, nosso olhar se volta para a adoção tardia e os primeiros contatos dessas crianças com a escola.

Vargas (1998) e Weber (2005) chamam de adoção tardia, o processo de adoção de crianças a partir de 2 anos de idade, quando supera-se a fase de total dependência do adulto, percebendo o mundo para além de si mesma. Para Schettini (1999), a adoção perpassa pela aceitação incondicional das peculiaridades do outro. Portanto, pais e filhos, durante o processo de adoção, precisam exercer, não apenas a disposição de investir na relação, mas resiliência ao esforçar-se para se adaptar um ao outro.

Vivência de abandono, passagem da família biológica para o abrigo, institucionalização, vínculos estabelecidos e rompidos nas instituições de acolhimento, chegada na família adotiva, adaptação à nova vida: essa é a síntese dos processos que envolvem uma criança ou adolescente adotados. A escola faz parte dos elementos que compõem a nova vida do adotado tardiamente. Assim, além de lidar com as questões relacionadas a rotina da nova família e as questões subjetivas da construção do vínculo, terá que lidar com uma nova escola e sua rotina.

Segundo Pontes (2008), no imaginário do professor, sobre a criança adotiva, surge a associação de dois campos psicológicos não-conscientes, o abandono infantil e a infertilidade dos pais, os quais se articulam e dão origem ao campo mais abrangente da exclusão radical da pessoalidade originária da criança adotada. Fica de lado a percepção dessa criança ou adolescente, sujeito de direitos, com história de vida, fragilidades e potencialidades muito próprias, que está buscando se adaptar a uma nova realidade e precisa de aporte. São inúmeros, para não dizer unânimes, os relatos acerca das dificuldades que os pais dos adotados tardiamente enfrentam nas escolas, ouvidos nos grupos de apoio à adoção. Fica evidente, nesses relatos, o despreparo dos docentes que desconhecem totalmente essa realidade.

Com o objetivo de colaborar significativamente com a compreensão das dimensões psicossociais que constituem um processo de adoção tardia, apontado elementos importantes que permeiam a construção dessas identidades na escola, realizamos uma busca na base de dados do Google Acadêmico, Scielo e Banco de Teses e Dissertações, acerca de produções acadêmicas voltadas para adoção tardia e escola, filtramos por meio da leitura dos resumos, e encontramos descritores comuns que subsidiam este estudo.

A análise desses descritores se desdobrou em questões muito presentes no imaginário coletivo como uma gama de ideias preconcebidas acerca da adoção. De modo geral, algumas questões que se tornam dilemas em torno da problemática da adoção: a desqualificação da família biológica, a institucionalização das crianças e adolescentes (SOUZA, 2016), a supremacia dos laços sanguíneos, a patologização das crianças e suas histórias de vida, a solução para crianças e adolescentes em risco psicossocial (PAULI, 2009) e a adoção, vista socialmente, como caridade (CASTRO, 2011).

A institucionalização é o ponto central das discussões acerca da "nova cultura de adoção" devido ao grande número de crianças e adolescentes ocupando as casas de acolhimento nos dias de hoje, conforme aponta Souza (2016, p. 96). A preocupação com o tempo e as condições de institucionalização são pautas constantes nos debates, estudos e palestras. Paralela à essa discussão caminha a discussão acerca da "destituição do poder familiar"[1], uma vez que, num país onde as condições de vida esbarram em diversos problemas sociais e estruturais, que possui uma insuficiente rede de apoio às pessoas pobres, torna-se um grande desafio para o judiciário impor ou definir um tempo para tal sanção.

Enquanto tais debates acontecem em outros campos, a criança cresce na instituição de acolhimento, numa segunda condição de abandono "claro e irreversível, em alguns casos, progressivo, em outros, até que se torne definitivo" (FREIRE, 1994, p. 10, apud SOUZA, 2016, p. 97). Essa situação gera um entendimento de que o tempo de institucionalização é prejudicial para o desenvolvimento da criança que pode tornar-se menos receptiva quando estiver novamente em família e ainda desenvolver comportamentos inadequados, aprendidos neste período.

Outro ponto é a desqualificação da família biológica, muitas vezes entendida como pessoas cruéis que abandonam ou entregam seus filhos. Souza (2016, p. 147) aponta que as falas sobre os genitores giram em torno da "culpabilização das famílias biológicas, vendo o problema da infância como algo unicamente imputado à família, à mãe, aos pais que falharam, que descumpriram suas funções parentais".

Pesa também sobre a adoção, a supremacia dos laços sanguíneos, pensamento fortemente presente em nosso inconsciente, praticado em posturas, falas e percepções, como quando busca-se sempre observar as características físicas entre pais e filhos. Castro (2011, p.14) aponta que:

---

[1] Prevista no Estatuto da Criança e do Adolescente, prevê a suspensão ou a perda do exercício da função dos pais, seus direitos e deveres sobre o filho, quando estes não estiverem garantindo a proteção integral da criança. Trata-se de uma sanção aos pais genitores, estabelecida por decisão judicial, que perdura enquanto for necessária para defesa dos interesses do filho menor.

> [...] o que se percebe é que a adoção de crianças e
> adolescentes parece estar a uma forma de solução
> para a infertilidade (FONSECA, 2002), refletindo
> uma concepção de família que valoriza o modelo
> biológico e, portanto, de consanguinidade em detri-
> mento da família formada por adoção, ou seja, por
> laços afetivos (WEBER, 2005).

Essas questões geram tensões em relação às adoções in-
ter-raciais por conta da busca dos pais por filhos parecidos com
eles. Cria-se também um medo em relação ao estado de saúde das
crianças por desconhecerem sua origem. Parece que as crianças
separadas de suas famílias biológicas estão pré-destinadas à psico-
patologias, conforme aponta Pauli (p. 887, 2009):

> [...] seu histórico de vida, marcado por estressores
> psicossociais de diversas ordens, aos quais se somam
> vivências institucionais, é visto a partir de uma co-
> notação negativa, ideia predominante que retumba
> em diferentes âmbitos da vida social, permeando
> tanto os discursos de senso comum como os do
> meio científico sobre a adoção. O estigma do
> abandono e da carência funciona, então, como uma
> tatuagem nessas crianças, especialmente quando são
> institucionalizadas por algum tempo (GUIRADO,
> 1986) e/ou adotadas tardiamente, fatos vistos como
> "fatores de vulnerabilidade" que comprometem seu
> processo adaptativo.

Buscando ampliar um pouco essa reflexão, vale ressaltar
que outras pesquisas relativizam a ideologia da consanguinidade
como Badinter (1985) que apresenta a ideia de 'amor forçado' fruto do discurso moralizador herdado de Rosseau e do discurso mé-
dico herdado de Freud. Ou seja, questiona o amor natural de pais e
mães biológicos. Badinter (1985) discute o mito do amor materno
mostrando uma percepção de ligação entre pais e filhos como um
movimento de construção social, histórica e ideológica, nessa perspectiva, o passado pode ser ressignificado.

Toda essa preocupação em torno da inserção da criança e do adolescente em núcleos familiares gera a percepção da adoção como solução para aqueles que vivem em situação de risco psicossocial. Souza (2016, p. 138) aponta que é importante que este aspecto seja devidamente contextualizado, uma vez que a situação dessas crianças e adolescentes não deve ser responsabilidade exclusiva dos pais biológicos; há de se considerar as questões sociais produzidas por um modelo de Estado neoliberal.

De acordo com Cunha (2006) apud Souza (2016), abandono e adoção são práticas que se sustentam e são promovidas por uma rede institucional que leva a crer no abandono 'em massa' de crianças por seus familiares; o que gera uma grande procura por esse instituto, por pessoas que desejam ter filhos e não os tiveram pelas vias naturais.

O outro lado da discussão acerca da inserção de crianças e adolescentes em núcleos familiares, regulamentada pelo Estatuto da Criança e do Adolescente (BRASIL,1990), são as controvérsias que envolvem essa questão. A lei prevê, inclusive, outras alternativas de inserção em núcleos famílias, mesmo quando a criança ou adolescente ainda se encontra tutelado pelo Estado. Podemos citar, por exemplo, o programa Família Acolhedora, conhecida como guarda subsidiada[2]. Para Pauli (2009, p. 883) "essa prática [...] deveria representar uma vantagem para a criança por garantir seu bem-estar biopsicossocial". Acredita-se que:

> O contexto familiar representa o melhor lugar para o desenvolvimento infantil, para o equilíbrio emocional da criança, especialmente porque as instituições de abrigo para essa clientela têm sido caracte-

---

[2] "As famílias acolhedoras não se comprometem a assumir a criança como filho. São, na verdade, parceiras do sistema de atendimento e auxiliam na preparação para o retorno à família biológica ou para a adoção. O período de acolhimento é de seis meses, durante os quais a família recebe uma ajuda de custo de um salário mínimo por mês. Cada família abriga um jovem por vez, exceto quando se tratar de irmãos". Fonte: https://www.senado.gov.br/noticias/Jornal/emdiscussao/adocao/realidade-brasileira-sobre-adocao/programa-de-a colhimento-familiar-as-familias-acolhedoras.aspx

rizadas como de má qualidade, lugares de exclusão
e não de acolhimento e educação (Oliveira, 2001)".
(PAULI, 2009, p. 883)

Todavia, apesar dessa ideia parecer lógica, "no meio científico em que se pesquisa sobre o tema, a família é vista sob aspectos contraditórios" (PAULI, 2009, p. 883). Da mesma forma que a família é vista como a principal "fonte externa de recursos para um desenvolvimento sadio e mecanismo protetor para lidar com a adversidade", ela pode tornar-se também " um mecanismo para vulnerabilidade e risco" (PAULI, 2009, p. 883).

Todas essas questões apontam para uma visão fatalista, onde a história de vida da criança torna-se determinante para seu sucesso ou insucesso na vida e na escola. Pauli (2009) afirma que essas ideias estão em contradição com pesquisas mais atuais. Enquanto pesquisas da década de 90 apontam a privação materna como cerne dos problemas que se desencadeiam no desenvolvimento de crianças, pesquisas do início do século evidenciam um quadro distinto.

> [...] as pesquisas de Rutter, Kreppner e O'Connor (2001) e de Rutter e Thomas (2004) mostram que os problemas constatados obtêm intensa melhora após a inserção da criança na família adotiva, sendo que tanto a quantidade e intensidade dos problemas observados quanto sua recuperação depende da idade da adoção e das condições iniciais da criança. (PAULI, 2009, p. 889)

As pesquisadoras acrescentam que "tais resultados indicam que as sequelas podem ser "praticamente" superadas se o novo ambiente for de qualidade" (PAULI, 2009, p. 889). Entendemos que as pessoas não dão o mesmo sentido as coisas e as experiências, portanto, as crianças ou adolescentes que vivem fatores, considerados fatores de vulnerabilidade, os vivem de formas diferentes. Além disso, não podemos desconsiderar o ambiente pós-adoção em que a criança vive, sua rede de relações e seus próprios recursos.

> Como se esses eventos tivessem o mesmo sentido para todos que o vivenciam, e fosse impossível a essas crianças estabelecer novos vínculos de apego, interagir significativamente com outros que não os progenitores que, por alguma razão, não podem cuidar delas, este acontecimento é encarado como um marco traumático, que desemboca naquilo que tem sido descrito como "peculiar desenvolvimento psicológico do adotado" (Zavaschi, Araújo, 1988, p. 613). (PAULI, 2009, p. 887)

Faz necessário destacar outro ponto importante que permeia o imaginário coletivo, a adoção como caridade. Entendemos ser necessário ressaltar essa questão pois ela está presente em muitas falas e posturas, principalmente na escola. Desta forma, muitos professores,

> [...] ao falar sobre como pensa a adoção, pontua uma concepção bastante difundida no senso comum, que encara a adoção como uma ação solidária, na qual o ato adotivo é apresentado como uma caridade para a criança ou adolescente que dela precise. (CASTRO, 2011, p. 105)

A primeira consideração a se fazer sobre essa ideia é que a decisão de adotar, ou seja, assumir para si, legal e integralmente, a responsabilidade de prover e educar outra pessoa e fazer dele filho legítimo, num ato irrevogável, não cabe como prática de caridade, que, normalmente, é uma ação pontual e não contínua, um auxílio prestado, uma ação solidária. Caridade também é uma ação politicamente correta que expressa generosidade em relação àquele que necessita. Weber (2005, p. 44) afirma que "não estamos falando de caridade. A caridade no sentido de alguém dar alguma coisa que não lhe faz falta serve apenas para diminuir nossa culpa e cultivar nosso egocentrismo. [...] Estamos falando de Direito Humanos. E de criança."

É necessário fugir ao fatalismo/determinismo e compreender que "adotar uma criança é **ser** pai/mãe e **ser** filho/a, com as felicidades e dificuldades que tal ato determina"(CASTRO, 2011, p. 106) e reconhecer os alunos sem generalizações sejam sobre seus sucessos, sejam sobre seus fracassos.

Neste sentido, Souza (1997, p. 193) apud Castro (2011) afirma que:

> [...] considerar a responsabilidade do fracasso escolar a partir de déficits e diferenças culturais presentes nas crianças de classe desfavorecida, implica em aceitar explicações que ao depositarem sobre o aluno e seus pais os motivos dos problemas de aprendizagem, eximem a escola de qualquer participação no processo de escolarização e, portanto, nos problemas nela existentes.

Assim, a escola que consegue enxergar os contextos de seus alunos para desenvolver um trabalho comprometido com a formação integral de um sujeito, torna-se um *lócus* importante no processo de reconstrução das relações e sentidos, para crianças e adolescentes adotados tardiamente, e pode contribuir significativamente e intencionalmente para o seu sucesso.

Considerando os contextos legais e práticos em que se dão os processos de adoção no Brasil, os estudos acerca dos impactos da ruptura de vínculos, da institucionalização, e a busca pela implantação de uma "nova cultura de adoção", até a análise das configurações familiares e suas relações com a escola, torna-se bastante complexo explicitar todos os fatores que envolvem a diversidade e as contradições presentes no desenvolvimento de crianças e adolescentes, filhos por adoção.

Pauli (2009, p. 891) afirma que "concepções simplistas de efeitos imutáveis precisam ser deixadas de lado em favor de concepções dinâmicas". Pensar numa compreensão mais ampla desse sujeito, considerando tanto a sua história de vida, quanto sua nova rede de relações parece ser o caminho mais adequado para compreender a dinâmica de desenvolvimento escolar.

Trata-se de abandonar a posição determinista que referenda muitas pesquisas centradas no desenvolvimento do indivíduo adotado, que acabam por apontar um amplo panorama de patologias que, na realidade não são exclusivas das crianças com histórico de privação materna e/ou de institucionalização: podem se instalar tanto em crianças adotivas como naquelas inseridas desde o nascimento na família biológica. É preciso realizar investigações com base em um sistema de inter-relações estabelecidas nos vários contextos de vida desse sujeito, de conceber o desenvolvimento não como um produto, mas como um processo inserido em um contexto internacional amplo (PAULI, 2009, p. 892).

Buscamos um olhar amplo sobre esse sujeito, mas, ao mesmo tempo, focado na complexidade que compõem sua existência, suas habilidades e dificuldades. Um sujeito que não está deslocado de seu lugar no mundo, portanto, um ser político que vive sob uma lógica de governo que, em muito, influenciou e influencia os rumos de sua vida, seja pela produção da desigualdade social e da pobreza, seja pela legislação protetiva que alterou seu destino, seja pelas instituições públicas e civis que criaram movimentos que também incidiram sobre a sua trajetória de vida, insistindo na adoção como solução para o problema das crianças e adolescentes à deriva.

Para Cunha (2006, p. 130/131) apud Souza (2016, p. 19):

[...] o abandono é produzido pelo próprio Estado e é inerente ao modelo político neoliberal – Estado Social Mínimo. A adoção segue o mesmo caminho, pretendendo ser a solução das mazelas sociais. Essas duas questões – abandono e adoção – passam a ser agenciadas por uma rede institucional, ao que parece bastante eficaz visto que conseguiu mobilizar a sociedade levando-a a acreditar no "abandono em massa" de crianças por seus familiares, criando uma grande procura pelo instituto.

Abandono e adoção, novamente, são trazidos à luz para a reflexão sobre o papel do Estado na vida desses sujeitos, como protetor ou mero gerenciador. De acordo com Souza (2016, p. 69), ambos se articulam como modelos inerentes ao modelo capitalista neoliberal. Nesta lógica, as responsabilidades do âmbito social e coletivo recaem sobre o indivíduo e o Estado, cada vez mais, se exime da função de garantir a oferta de serviços ligados aos direitos sociais.

Diante deste cenário, apresenta-se a necessidade de considerar que lidamos com um sujeito que está passando por uma série de adaptações em sua vida, num espaço/tempo específico, dentro do espaço/tempo escolar. Os dilemas descritos neste estudo, atravessam a sua identidade, mas dizem respeito a percepção de outros sobre si e não de si mesmo. E essa percepção dos outros, em certa medida, condiciona seu ser e estar na escola.

Ao pensar um ambiente escolar que possibilite o desenvolvimento das potencialidades da criança ou do adolescente, fruto da adoção tardia, de modo a favorecer sua adaptação e seu aprendizado, respeitando sua história de vida, nos voltamos novamente a pensar a complexidade da vida e da escola, no encontro com a realidade, ainda que cruel.

Reconhecemos que, torna-se necessária, uma compreensão mais ampla, capaz compreender as diferenças e aceitar esses sujeitos e sua historicidade. Conforme Marques (2010, p. 110), "a escola deverá adotar uma prática comprometida, defendendo a construção de um currículo que desafie os discursos evidenciadores dos diferentes, promovendo a compreensão das diferenças".

Superar os discursos que marcam ou negam as diferenças parece ser, à princípio, um bom caminho, considerando as diferenças que permeiam a relação Educação, Família e Sociedade, uma multiplicidade de possibilidades.

Referências

BADINTER, Elisabeth. **Um amor conquistado**: o mito do amor materno. Rio de Janeiro: Editora Nova Fronteira, 1985.

BRASIL. **Lei nº 8.069, de 13 de julho de 1990.** Dispõe sobre o Estatuto da Criança e do Adolescente e dá outras providências. Diário Oficial da União, Brasília, 16 Jul. 1990. Disponível em: <http://www.planalto.gov.br/ccivil_03/leis/l8069.htm>. Acesso em: 30 mar. 2019.

CASTRO, Letícia Fonseca Reis Ferreira. **A trajetória escolar de crianças adotadas**: a perspectiva de pais e professores. 2011. Dissertação (Mestrado). Faculdade de Filosofia, Ciências e Letras de Ribeirão Preto, Universidade de São Paulo, Ribeirão Preto, 2011.

MARQUES. Luciana Pacheco. Cotidiano Escolar e Diferenças. **Educ. foco**, Juiz de Fora, v. 17, n. 1, p. 101-117, mar. / jun. 2012.

PAULI, Sueli Cristina De; ROSSETTI-FERREIRA, Maria Clotilde. Construção das dificuldades de aprendizagem em crianças adotadas. **Cad. Pesqui.**, São Paulo , v. 39, n. 138, p. 881-895, Dec. 2009.

PONTES, Mariana L. da Silva; CABRERA, Jaqueline Caldamone; FERREIRA, Marcela Casacio; VAISBERG, Tânia Maria José Aiello. Adoção e exclusão insidiosa: o imaginário de professores sobre a criança adotiva. **Psicol. estud.**, Maringá , v. 13, n. 3, p. 495-502. Disponível em: <http://www.scielo.br/scielo.php?script=sci_arttext&pid=S1413-73722008000300010&lng=en&nrm=iso>. Acesso em 01 Mar. 2020.

SCHETTINI, Luiz Filho. **Adoção**: origem, segredo e revelação. Recife: Bagaço, 1999.

SKLIAR, Carlos. A educação e a pergunta pelos Outros: diferença, alteridade, diversidade e os outros "outros". **Ponto de Vista**, Florianópolis, n.05, p. 37-49, 2003.

SOUZA, Maria de Lourdes Nobre. **A "nova cultura da adoção"**: reflexões acerca do cenário atual da adoção no Brasil. 2016. Dissertação (Mestrado em Psicologia) - Universidade Federal do Maranhão, São Luís, 2016.

VARGAS, Marlizete Maldonado. **Adoção Tardia**: da família sonhada à família possível. São Paulo: Casa do Psicólogo, 1998.

WEBER, Lídia Natália Dobrianskyj. **Laços de Ternura:** pesquisa e histórias de adoção. Curitiba: Santa Mônica, 2005.

Protagonismos nas Metodologias Ativas: Direitos Humanos e Fundamentais - diálogos possíveis através do Projeto Integrador

Ícaro Trindade Carvalho

Antes de apresentarmos a abordagem deste artigo, é preciso definirmos algumas questões nessa introdução. Por exemplo, de onde falamos e como será apontada esta nova forma metodológica. Cabe lembrar que muito além de apresentar uma fórmula de ensino, o que pretendemos aqui é a realização de levantamentos e questionamentos, partindo de "pontapés iniciais" dentro, principalmente, do Projeto Integrador da Rede de Ensino Doctum. Essa é uma possibilidade de fomentar novos debates e a criação de novas estratégias para que o conhecimento aproxime-se cada vez mais do aluno.

Desde meados do século XX, ao falar sobre educação, precisamos entender o quanto houve de reestruturação em seus métodos e maneiras de chegar a quem realmente lhe é de direito. As mais variadas formas de conhecimento e "misturas" de aprendizagem colocam o ser humano num campo de estudo "interdisciplinar", conceito que não podemos definir de maneira tão simples.

Na educação de um mundo pós-moderno, não é possível termos uma concepção de prática docente ou de métodos ligados a um ensino no qual prevalece o professor como único meio de captação do conhecimento, e sim apenas como meio pelo qual o aluno aprende. Não é tampouco prudente classificar a educação como algo terminado, acabado, já que, muito pelo contrário, ela está longe de alcançar tal fim.

Pensando em educação de Direitos Humanos e Direitos Fundamentais, não podemos trabalhar de forma generalizada, mas de forma individualizada ou a cada grupo a que se destina cada tipo de conhecimento. Dessa forma, surge mais uma demanda a ser problematizada através da educação: Como promover este tipo de educação em um mundo pós-moderno? Responder a tal questão parece leviano para um historiador por formação. Contudo os mais de cinco anos de docência na Faculdade Doctum, no Curso de Direito, fizeram-nos perceber que através das novas metodologias e das metodologias ativas, isso é possível: pensar num conhecimento individualizado de forma interdisciplinar e ainda dentro de um contexto pós-moderno.

Em 2015, fomos convidados para trabalhar na Doctum, em João Monlevade/MG, juntamente com um desafio: seria possível trabalhar assuntos relevantes como: gênero, raça/etnia, cultura e identidade sem ser apenas superficial? Foi algo extremamente novo, desafiador e instigante como profissional de educação e militante destas causas. Recorremos aos estudos que já havíamos realizado referentes às novas metodologias que haviam sido aplicadas nos ensinos fundamental e médio, como forma de aprender, provocando o aluno a ser protagonista de seu aprendizado. Nossa principal motivação foi perceber que, ao longo de anos na docência, deparamo-nos com um leque de novas formas de ensinar os conteúdos, o que diverge e muito das formas que aprendemos com nossos professores, o que tornou-se um desafio ainda maior.

Devemos detalhar os níveis de interação destes sujeitos ao investigarem os diferentes conhecimentos, aumentando ainda mais seu protagonismo e sua atividade em sua própria formação. Além disso, pensar a importância do papel do professor e de sua formação continuada, a fim de que ele esteja apto a fazer um planejamento, atendendo a este movimento da pós-modernidade.

Protagonismo do aluno

Segundo Valéria Dell'Isola em sua tese "Paideia jurídica: uma reflexão sobre a educação em direitos humanos-fundamentais",

> deve-se respeitar as diferenças individuais de cada educando. Destarte, não se pode, em nenhuma hipótese, abandonar a causa, renunciando à necessidade de se educar em direitos humanos e fundamentais. (DELL'ISOLA, 2014, p. 137)

Dessa maneira, podemos observar que, independentemente da idade do educando ou da modalidade de ensino, faz-se necessária a proposição de um movimento e de uma aprendizagem diferenciada para que o indivíduo possa absorver o conhecimento de forma individualizada.

A linha de pesquisa da Doctum é "Direitos Humanos e Direitos Fundamentais". Posto isso, pretendemos favorecer um melhor desenvolvimento dos alunos, não somente do curso de Direito, mas de todos os cursos, pensando em uma visão estimuladora de mudança da vida humana através da educação, bem como inspirando o discente a utilizar os conhecimentos apreendidos ao longo da vida escolar e a aplicá-los na realidade do mercado.

Qual seria então a importância de novas metodologias de ensino para estimular os educandos no processo de ensino e aprendizagem? Temos aqui um desafio que perdura desde o início do século XX, em que a principal preocupação é a de trazer ao aluno uma autonomia. Não de forma livre, sozinho, mas sim de modo a provocar nele uma concepção de colaboração. Assim, busca-se criar no aluno uma forma de lidar com a diversidade, com imaginários que permeiam e engendram o seu próprio cotidiano (originários dos mais diversos âmbitos sociais, com suas crenças, mitos e valores). Nesse contexto, seu discernimento e senso crítico serão fundamentais para consolidar uma formação mais autônoma e pertinente quanto à diversidade dos direitos humanos.

Outro ponto importante sobre as novas metodologias é perceber que o modo de relacionar os conteúdos e ou conhecimentos deve ser visto como mutável. Além disso, trazer estes ensinamentos para a sala de aula é uma dinâmica nova que, agora com as novas tecnologias, faz-se ainda mais necessária. Neste ponto, devemo-nos lembrar de que o aluno aprende muito mais com seus pares do que com os professores. Isto ocorre porque, por mais que nestes confiem, os discentes não se sentem intimidados em relação aos seus pares ao fazerem quaisquer perguntas. Por isso, na metodologia ativa, por ser este um meio colaborativo, há maior eficácia do processo ensino e aprendizagem. Neste momento, os alunos podem ser autônomos na forma de buscarem o conhecimento, vendo no professor somente uma ligação e um mediador.

A definição melhor para "Metodologias ativas" é uma educação inovadora que cria essa possibilidade de "transformar aulas em experiências de aprendizagem mais vivas e significativas para os estudantes da cultura digital" (MORAN, 2018, p.10). O objetivo é atender às expectativas de um ensino voltado para uma formação mais generalizada, humana e ética. Ao mesmo tempo, a referida proposta metodológica forneceria elementos para um desenvolvimento intelectual diferente daquele das anteriores gerações, já que, neste contexto, o indivíduo passa a "aprender a aprender" (Relatório da UNESCO, Al-Mufti, Jacques Delors In'am et all, 1998).

Neste novo formato, para impulsionar o engajamento dos estudantes com a aprendizagem é necessário contextualizá-los sobre essas novas práticas metodológicas diante de sua relevância para o meio social, pois, assim, o aluno dá o significado necessário para aquilo que está aprendendo. Portanto, por definição, metodologias ativas caracterizam-se pela inter-relação entre educação, cultura, sociedade, políticas e escola, sendo desenvolvidas por métodos ativos e criativos, centrados na atividade do aluno com a intenção de propiciar a aprendizagem.

Protagonismo do professor

A maioria de nós professores ensina da forma como aprende, na crença de que é o que há de melhor. Este novo modelo de educação também pode criar resistência em alguns docentes, devido ao fato de distanciar-se muito daquilo que aprenderam e vivenciaram. É notório que estamos em um contexto de novas tecnologias quando as informações passam a ser acessadas na palma das mãos e quando não há mais pessoas que sejam consideradas como centros de informação. Claro que os profissionais devem saber acessar novos mecanismos tecnológicos, sem deixar de observar que o antigo não deve ser descartado. Essa nova metodologia proposta é exatamente um equilíbrio entre o novo e velho.

Para o uso dessas tecnologias faz-se necessário um repensar sobre a prática e sobre como essa vem sendo dotada para promover o ensino-aprendizagem. Essas novas tecnologias devem ser utilizadas de forma reflexiva no planejamento do professor. Um exemplo simples seria a cópia do quadro, o que acontecia com frequência. Como essa cópia seria usada como fonte de conhecimento e, além disso, seu uso seria necessário para fomentar o conhecimento deste aluno?

Posto isso, a proposta dos cursos da Doctum é a de instaurar uma prática pedagógica norteada por tais princípios inovadores, os quais propiciam um processo ensino-aprendizagem consubstanciado no "aprender a aprender". Haja vista o Projeto Político Curricular criando e reforçando ainda mais esse conceito para a formação deste alunado e do egresso. A partir do momento em que este profissional entende que seu papel é de mediador do conhecimento, flui mais fácil o processo por ambos os lados, do aluno e do professor. Urge lembrar que esta prática não deve ser somente do professor, mas da instituição. Deve-se buscar essa relação mais aberta de negociação em escutar o aluno, na qual o planejamento não é hermético, pois deve estar apto a receber novas inferências e desejos dos alunos, que passam a contribuir de forma ativa e não mais passiva, o que torna o conteúdo, de certa forma, flexível. Assim, o mediador/professor é o que gesta o processo de uma maneira para si e para o outro, buscando interação e dinâmica entre o processo de aprendizagem. Dessa forma, este mediador promove de forma democrática e igualitária a escolha dos debates e assuntos que devem ser tratados. O que motiva não somente alunos, mas família e sociedade como um todo.

Por fim, para essa nova metodologia ser aplicada em sala de aula será necessária uma formação docente pautada em atividades criadoras de reflexão crítica, de modo a impulsionar o crescimento dos alunos no processo de ensino-aprendizagem. Este processo se daria em atividades, através do modo de expor conteúdo, ou até mesmo nos assuntos a serem tratados em sala, abandonando assim as rígidas grades, currículos e focando em uma formação humanizada, ética e multidisciplinar do sujeito, sendo estas criadas e balizadas pelas novas metodologias e ou metodologias ativas.

Protagonismo institucional

Por que pensarmos nessa nova forma de ensinar? Por que o incômodo com metodologias que acreditamos que estejam indo bem? Neste novo mercado de trabalho, nas relações sociais e em todos os espaços de convivência percebemos a participação das tecnologias de forma geral e sendo essas relações até mesmo modificadas por estes usos de elementos contemporâneos. Ao responder o que foi suscitado acima, entendemos que devemos como "mediadores" criar em nossos alunos meios – competências e habilidades, para que eles usem estes novos recursos e percebam que nós, professores, podemos ensinar e aprender com eles. É importante apontar-lhes que, por meio destas tecnologias, podemos e devemos acrescentar o desejo pelo saber, reconhecendo o "professor como aprendente".

Isso significa que a escola precisa repensar o seu currículo atual. Não podemos, como profissionais da educação, pensar que o conhecimento deve ser dominado apenas por nós. Agora o aluno entra em cena - lugar de onde ele nunca devia ter saído, bem verdade. Pensando nos dias atuais, para adquirir o conhecimento, não são necessários mais anos de estudos, pois qualquer pessoa com acesso à internet alcança uma informação, tira dúvidas ou dados semelhantes. Dessa forma, todos têm conhecimento? A resposta é: "não", pois o que importa e é diferencial é saber qual conhecimento é válido, saber de fato aplicar este conhecimento.

Assim, faz-se mais necessário repensar os espaços escolares, as técnicas utilizadas e os currículos das escolas, para que estas instituições possam sair deste posicionamento tradicional e venham a ser consideradas por essa nova geração um espaço no qual ela se sinta bem para aprender. Estes espaços devem focalizar no desenvolvimento de competências e habilidades para se adaptarem à nova realidade.

A nova lógica educacional instaurada fez com que a disciplina "Projeto Integrador" fosse estabelecida na Faculdade Doctum. Essa disciplina tem como principal função levar o aluno ao contato com a pesquisa (Grupo de Leituras Supervisionadas - GRULES) e a extensão (sendo esta ligada, resumidamente, a tudo aquilo que extrapola os muros da escola e envolve a comunidade escolar), apresentando uma ementa mutável, dinâmica e construída mediante um debate forjado em sala de aula com os próprios alunos. Essas relações têm que fazer parte da vida do aluno ou minimamente de um conhecimento prévio que este aluno tem do conteúdo, buscando proporcionar-lhe uma relação com a prática, com projetos e com o próprio mundo vivido. Cabe o uso destas novas tecnologias como forma de dialogar com a vida. Cabe ao professor fazer a provocação destes alunos, bem como relacionar o conteúdo da disciplina à proposição de "Direitos Humanos e Direitos Fundamentais".

O que devemos pensar é que este tipo de mudança metodológica não deve ser nem rápida, nem de uma só vez e nem em todos os conteúdos. Devemos preparar os alunos para receberem este tipo de acesso a informações, ajudá-los a fazer uso e principalmente mostrar-lhes a eficiência de tais processos de aprendizagem. Pensando por essa dinâmica, podemos perceber que a disciplina "Projeto Integrador" apresenta-nos uma solução viável, confiável até então. Digamos "até então", porque, até o momento, este tem-se mostrado um conteúdo mutável e transformador. As novas metodologias visam a fazer o processo ficar ainda mais dinâmico, ao provocar reflexão e pesquisa, sobre os assuntos de importância ímpar para o desenvolvimento de uma sociedade mais ética.

Dessa forma, a escola deixa de ser tradicional, conteudista ao trazer discussões quase que diárias sobre o currículo e a formação fim do egresso, de sua formação e sobre como este sairia da faculdade para o mercado de trabalho. Cabe ressaltar aqui que as escolas das quais nossos alunos advêm são as mais diversas, em condições sociais, educacionais e, portanto, essas escolas remetem a uma realidade sugestiva.

Além disso, o desenvolvimento de determinadas competências e habilidades é importante para o aprimoramento futuro dos alunos na sociedade. O mercado de trabalho também sofre com as mudanças geradas pela tecnologia. Com isso, desenvolver indivíduos que se adaptem a esse contexto instável é essencial. (Texto retirado do site: http://blog.qmagico.com.br/educacao/sala-de-aula-educacao/competencias-e-habilidades, acessado no dia 03 de junho de 2018)

Por fim, para que nossos alunos alcancem o sucesso no mercado de trabalho, bem como na sua atuação social, devemos motivá-los a aprender as habilidades e competências de forma que estejam aptos a solucionar quaisquer problemas que possam vivenciar. Sendo assim, uma aprendizagem mais profunda e sólida requer um lugar de prática, fazendo com que a assimilação seja ainda mais rica e importante quando ofertados espaços e estímulos multissensoriais, além da valorização da experiência prévia dos alunos para compor a construção destes novos conhecimentos.

Qual protagonismo?

O que seriam habilidades e competências? Como alinhar o protagonismo da escola/instituição, do professor, enquanto profissional, e do aluno? Podemos fazer da escola um local privilegiado de aprendizagem? Habilidade é tudo aquilo que devemos aprender fazendo alguma tarefa na qual, ao ser realizada, não só aplicamos um tipo de conhecimento, mas vários, sendo estes estudados ou não. Tal "ferramenta" ajuda-nos assim a resolver problemas, o que significa desenvolver competências, pois essas expressam a habilidade de estarmos aptos a superar as demandas que a vida coloca-nos em voga.

Por isso, as habilidades, juntamente com as competências, devem ser tratadas como questões de aprimoramento e desenvolvimento para solução de problemas, principalmente para a vida cotidiana. É esta aprendizagem que permitem aos alunos serem diferenciados e sobressaírem-se no mercado de trabalho, porque não somente aprenderam e esqueceram, mas aplicaram essas habilidades e competências no momento em que estas foram acionadas.

Observo o caso do "Projeto Integrador" que, gradualmente, proporciona ao nosso aluno a capacidade acadêmica necessária, ao mesmo tempo em que vislumbra como essas habilidades podem ser usadas no caso do egresso, a fim de que ele obtenha uma formação integral e totalizada.

Peço licença a todos os leitores deste capítulo para apresentarmos uma experiência sobre as questões étnico-raciais. Na turma em que lecionamos tal disciplina, eram foco do projeto as relações de etnia. Após definir, discutir e debater os principais conceitos e teorias, partimos para uma atividade de painel integrador que consiste em leitura coletiva de uma única obra, segundo a descrição do modelo abaixo.

Para fins de utilizar maior dinâmica no processo de ensino-aprendizagem precisamos de fazer o que denominamos de Painel integrador da seguinte forma:

a) Forma-se a sala em grupos no número de cada capítulo que dispõe no livro a ser utilizado, exemplo: livro de 5 capítulos, sala dividida em 5 grupos; livro de 6 capítulos sala dividida em 6 grupos. O objetivo é compor grupos com números equivalentes, a fim de que o passo seguinte ocorra de forma mais tranquila;

b) No segundo passo, cada grupo produz um documento — mapa mental, fichamento, anotações entre os pares - de modo a elaborar um dossiê e a informar a cada integrante sobre o que contém aquele capítulo, especializando-se, assim, para tirar possíveis dúvidas dos demais grupos;

c) O terceiro passo é a mistura destes grupos, de modo que cada grupo anteriormente constituído seja desmembrado ao mesmo tempo em que novos grupos são compostos, porém, a partir de então, com um representante de cada capítulo do livro. Desse modo, o novo grupo formado será composto por indivíduos especialistas em capítulos diferentes. Portanto, eles encontram-se aptos a compartilhar este conhecimento entre si, a fim de que todos promovam, juntos, o conhecimento de toda a obra de maneira geral.

Alguns questionamentos podem surgir, tais como: e o papel do professor? Neste caso, ele torna-se mediador de toda a discussão, em cada grupo separadamente e ainda lê os documentos produzidos, tendo uma melhor noção de como cada grupo se sobressaiu nas discussões por capítulo. Num segundo momento, o professor provoca as discussões com perguntas direcionadas para cada grupo e, de certo modo, busca respostas coletivas.

Após o terceiro passo, caso ainda haja dúvidas pendentes por parte dos alunos, o professor adota a estratégia de uma plenária. Ele propõe que seja formado um círculo e debatidas perguntas direcionadas sobre o livro, de modo a promover uma discussão coletiva sobre todo o conteúdo da obra de modo geral.

Após as etapas de leitura dos textos e preparo para debate de forma expositiva, o aluno tem contato com a "fala" do colega de forma colaborativa, o que corrobora com o conhecimento a ser construído. Quanto a isso, o que mais motivou-nos foi perceber que, ao terminar o projeto, os próprios alunos passaram a sugerir que esta prática fosse adotada em outros momentos de seu curso. A partir de então, por meio das habilidades e competências desenvolvidas, os discentes passaram a gerenciar, dividir e produzir as demais atividades, fundamentando-se na metodologia adotada no Projeto Integrador. Observa-se, assim, o sucesso da aplicação de uma atuação mais dinâmica e eficaz para este público específico.

Essa reflexão exige uma transformação por parte do professor de forma gradual. O docente passa a exercer sua função como mediador, um parceiro, um provocador num caminho de construção do conhecimento, juntamente com seu principal parceiro que é o aluno em seu processo de busca de definição daquilo que será no mercado de trabalho e na vida. É muito pouco pensar que é somente conhecimento depois de toda essa explanação. A busca seria por uma autonomia intelectual, uma liberdade construída de vários níveis nas relações sociais.

Considerações finais

A importância deste tipo de desenvolvimento intelectual e autonomia dá-se pelo processo de interação entre os alunos, professores, instituições e novas metodologias. Este processo leva aos protagonismos de todos em uma relação contínua e simultânea.

"Assim a educação não é a preparação para a vida, ela acompanha a própria vida" (MORAN, 2018). Dessa forma, as novas metodologias promovem o aprender a aprender, tornando o aluno capaz de resolver e superar problemas dos mais simples aos mais complexos. Além disso, elas apresenta-nos possibilidades para desenvolver novas aprendizagens na escola e na vida destes alunos e alunas, bem como o fortalecimento dos Direitos Humanos e dos Direitos Fundamentais para uma diversidade social.

Referências

AL-MUFTI, Jacques Delors In'am (et all). **Educação um tesouro a descobrir: Relatório para a UNESCO da Comissão Internacional sobre Educação para o século XXI.** São Paulo, Brasília: Cortez, UNESCO, MEC, 1998.

DELL'ISOLA, Valéria Cássia. **Paideia jurídica: uma reflexão sobre a educação em Direitos humanos-fundamentais.** Dissertação (Mestrado) – Universidade Federal de Minas Gerais, Faculdade de Direito. 2014

HENGEMUHLE, Adelar. **Gestão de ensino e práticas pedagógicas.** Petrópolis: Vozes, 2004.

LIPOVETSKY, Nathália (org.) et.al. **Educação para Direitos Humanos: diálogos possíveis entre pedagogia e o direito.** Vol.II. Belo Horizonte: Editora UFMG, 2016.

MORAN, José e BACICH, Lilian. **Metodologias ativas para uma educação inovadora: uma abordagem teórico-prática.** Porto Alegre: Penso, 2018.

O Racismo estrutural enquanto barreira para a implementação e efetividade da Lei nº 10.639/03

Tânia Danielle Vieira Neto
Guilherme de Almeida Leite
Daiana Aparecida dos Reis

A diversidade, segundo Anete Abramowick (2010), pode ser conceituada por variedade, diferença, multiplicidade, entre outras definições. O que difere é a possibilidade de tornar especial aquilo que evidencia ser diferente, aquilo que faz a diferença entre uma coisa e outra, a carência de igualdade ou semelhança. Entende-se, portanto, que a diversidade acontece onde existem diferenças.

A sociedade brasileira sempre foi marcada pelo multiculturalismo, sendo formada por grupos étnico-raciais distintos. Moreira e Candau (2008, p. 17) apontam que, no Brasil, o multiculturalismo aparece em uma configuração própria. O país é erigido sob uma base multicultural bem resistente. Ao longo do tempo, as relações interétnicas têm acontecido de forma regular, pois é neste ambiente em que são memoradas as histórias trágicas, sobretudo de grupos indígenas e afrodescendentes.

Analisando o contexto histórico, em um primeiro momento, é possível destacar a presença dos povos indígenas, habitantes naturais das terras brasileiras quando estas foram "descobertas/invadidas" pelos portugueses, quando do início do período da colonização.

Posteriormente, foram trazidos para cá, de forma compulsória, seres humanos oriundos de diferentes regiões da África e que, a partir de então, passaram a integrar a população escrava. É nesse prisma que se constitui a identidade étnico-racial brasileira, perpetuada e de fácil observância na sociedade atual: o entrecru-

"

zamento de povos indígenas, negros, europeus e orientais que fizeram do Brasil um país repleto de pluricultura e plurietnia. No entanto, conforme preceitua Petrolina Beatriz Gonçalves e Silva (2007), no artigo *Aprender, ensinar e relações étnico-raciais no Brasil*

> Esta diversidade não foi e hoje o é, com muita dificuldade, aceita. Fala-se e pensa - se como se a realidade fosse meramente uma construção intelectual; como se as desigualdades e as discriminações, malgrado as denúncias e reivindicações de ações e movimentos sociais não passassem apenas de mera insatisfação de descontentes (GONÇALVES E SILVA, 2007, p.493)

É com base nesse pensamento que se formou a sociedade brasileira, do século XVI ao século XX. Nesse sentido e traçando um marco temporal com a abolição da escravatura, quando se fala em questões atinentes à população negra no Brasil, é possível observar claramente a difícil e resistente aceitação social da população branca em relação à população negra, esta última sistematicamente escravizada e, depois de abolida a escravidão no país, excluída e marginalizada em variados âmbitos da sociedade.

Seguindo essa linha de raciocínio e continuando a discorrer sobre o final do século XIX e início do século XX, período marcado pela abolição da escravatura e Proclamação da República no país, perpetuou-se nesse tempo a irresponsável atuação do Estado para com o povo negro do Brasil, sem qualquer tipo de assistência social e condições básicas para sobrevivência, o que resultou em miséria, marginalização e violência entre a população negra excluída.

A essa altura, compreende-se claramente uma desigualdade social exponencial e sem precedentes no país. Com a população branca cada vez mais desenvolvida social e economicamente, ocupando os melhores e maiores postos na sociedade brasileira em detrimento da população negra, a ideia de hierarquia de raças (termo usado equivocadamente) passou a ganhar força e aceitação social no Brasil, em que, no topo dessa cadeia hierárquica, encontrava-se a população branca e, na base, a população negra.

Com base nisso, é possível definir e observar, nitidamente, o que se pode considerar *racismo estrutural*, um conjunto de práticas, hábitos, situações e costumes enraizados na sociedade brasileira e que promove, direta ou indiretamente, a segregação e o preconceito racial. Ou seja, mediante a formação social brasileira, tem-se ligado intrinsecamente a ela o racismo estrutural, naturalizado cotidianamente desde sempre e de difícil percepção nos dias atuais.

Sobre esse tema, o Documento Oficial Brasileiro para a "III Conferência Mundial contra o Racismo, a Discriminação Racial, a Xenofobia e as Formas Correlatas de Intolerância" (2001), expõe a responsabilidade histórica do governo brasileiro em reconhecer o escravismo e a marginalização econômica, social e política dos descendentes de africanos

> O racismo e as práticas discriminatórias disseminadas no cotidiano brasileiro não representam simplesmente uma herança do passado. O racismo vem sendo recriado e realimentado ao longo de toda a nossa história. Seria impraticável desvincular as desigualdades observadas atualmente dos quase quatro séculos de escravismo que a geração atual herdou. (BRASIL, 2001)

Sob essa perspectiva, após intensos anos de luta dos movimentos sociais, com destaque para o Movimento Negro, foi instituída então, em 2003, a Lei nº 10.639 que versa acerca da obrigatoriedade da temática "História e Cultura Africana e Afro-brasileira" no currículo oficial da rede de ensino pública e privada da educação básica, como forma de ampliar os currículos escolares para a diversidade cultural, racial, social e econômica presente na sociedade brasileira.

Entretanto, essa lei não alcançou ainda sua plena eficiência, devido a toda uma conjuntura social, que vai desde questões históricas que fortalecem o racismo estrutural, que culmina na falta de interesse da própria sociedade civil, até a falta de preparo e qualificação dos profissionais para tratarem essa temática em sala de aula, para que seja garantido o direito à diversidade étnico-racial no país.

A desigualdade social como fator preponderante para a perpetuação do racismo estrutural na sociedade brasileira

O Movimento Negro no Brasil pode ser entendido como um conjunto de ações e reivindicações sociais que buscam, ao longo da história, defender os direitos da população negra, valorizar a cultura de matriz africana, desnudar o mito da democracia racial e denunciar o racismo estrutural presente na sociedade, solicitando, por parte dos governantes, ações e políticas públicas capazes de promover a igualdade política, econômica e social para todos os grupos étnico-raciais.

A história desse Movimento é marcada por séculos de muitas lutas e resistências, iniciadas ainda no período colonial, durante a escravidão, de forma oculta. Estas lutas tiveram participação ativa nos processos abolicionistas e permanecem ainda nos dias atuais, 132 anos após a abolição, na busca incessante por igualdade de oportunidades, por representatividade e por promoção da afirmação da população negra nos mais diversos setores da sociedade brasileira.

É importante salientar que, uma das principais bandeiras defendidas pelo Movimento Negro, nos dias atuais, é a luta contra o racismo estrutural, enraizado e naturalizado em nossa sociedade. Essa aclimação permitiu, ao longo do tempo, que as relações étnico-raciais fossem silenciadas, com o objetivo de garantir e perpetuar privilégios de determinados grupos sobre outros.

O termo "raça" pode ser entendido como uma classificação sociocultural que serviu durante muito tempo para justificar as formas de exploração e escravidão, uma vez que essas teorias classificavam a "raça negra" como inferior à "raça branca", legitimando as práticas de dominação, opressão e violência praticadas na época de escravidão mercantil. No século XIX, período marcado pela grande ascensão do capitalismo e dos ideais iluministas, essa forma de exploração já não era mais viável do ponto de vista econômico, nem tampouco justificável do ponto de vista social.

Nesse âmbito, o Estado brasileiro viu-se gradativamente obrigado a acabar com o modelo de mão de obra escravocrata, uma vez que, não sendo mais rentável para a elite branca dominante, era necessário buscar outro mecanismo que atendesse aos interesses econômicos da alta sociedade perante essa nova realidade social.

Como consequência desses fatores e das pressões feitas pelo Movimento Negro, que se rebelava contra a escravidão cada vez mais e das mais diversas formas, sendo a principal delas a formação das comunidades quilombolas, várias leis foram criadas, de maneira gradual, tendo como objetivo final abolir, de vez, esse modelo de exploração. Assim, em 13 de maio de 1888 foi promulgada a Lei Áurea, que extinguiu oficialmente a escravidão no país, pretendendo acabar com toda discriminação e exploração que existia até aquele período.

Porém, ao analisá-la, é possível depreender que, ainda assim, a tão almejada liberdade da população negra não foi alcançada, pois não foi estruturada de modo a contribuir para o fim das desigualdades. Melhor dizendo, nesse Instrumento Legal, não foram preceituadas ações práticas e efetivas sobre como seria feita a inclusão social dos negros, até então escravos, e a partir da promulgação da lei, libertos desse regime, mas sem condições mínimas de sobrevivência.

Além de não conseguir efetivar, em todos os âmbitos, a liberdade dos escravos, a Lei Áurea também não foi capaz de extinguir, nem ao menos minimizar o racismo e o preconceito que predominavam na sociedade naquele momento. Os negros, que antes eram a principal fonte de mão de obra, começaram a ser marginalizados, ainda mais subjugados, taxados de preguiçosos e ineficientes, sendo considerados inaptos para o exercício do trabalho livre.

No mesmo sentido, no período pós-abolicionista, surgem os aglomerados urbanos, popularmente conhecidos nos dias atuais como favelas, as regiões periféricas das cidades onde ninguém queria morar. Sendo assim, os escravos, recém-libertos, habitaram esses locais, também conhecidos como "morro", "comunidade", "periferia", entre outras denominações.

Desta forma, nesse período compreendido entre o final do século XIX e início do século XX, acentuaram-se, ainda mais, a já existente desigualdade sócio-étnico-racial no país. O que se observa é a irresponsabilidade social, o descaso e a omissão do Estado para com essa importante parcela populacional.

Concomitantemente, políticas de incentivos para a imigração europeia começaram a ser feitas pelo governo brasileiro, demonstrando total desprezo pela mão de obra negra e pela cultura afrodescendente, como bem apontam Zelma Madeira e Daiane Daine de Oliveira Gomes (2018) no artigo *Persistentes desigualdades sociais e resistências negras no Brasil contemporâneo*

> A resistência de negros e negras já levantava a possibilidade de desorganização do trabalho. Então cresceu a exaltação a respeito das vantagens de se trazer imigrantes europeus e, como corolário, "descobriu-se" a incapacidade do(a) brasileiro(a) negro(a). A inferioridade era justificada não apenas pela própria biologia, raça inferior, híbrida impura, de baixo qui-

late, como também pela sua experiência como escravizado. Fazia com que seu trabalho fosse classificado como sujo, destituído de ética e moral como trabalhador. (MADEIRA; GOMES, 2018, p. 466)

Além da marginalização e do tratamento omisso e desumano, várias condutas passaram a ser criminalizadas pelo Estado, entre elas a vadiagem, a ociosidade e a prática da capoeira, caracterizando deste modo um racismo institucional cujas consequências podem ser observadas nos dias atuais, com os presídios abarrotados de negros e negras, mais uma herança histórico-social desse período.

Diante deste contexto histórico, pode-se perceber que as desigualdades sempre estiveram presentes na sociedade. As teorias de superioridade racial, bem como o racismo estrutural deixaram marcas severas na história da população afrodescendente. Suas consequências têm relação direta com as dificuldades de materializar políticas públicas, cujo objetivo é justamente corrigir as desigualdades existentes, proporcionando melhores condições de vida política, social, econômica e cultural para a população negra.

Outro fator a ser ressaltado é que, durante muito tempo, o Brasil foi considerado o país da "democracia racial", transmitindo a ideia de boa convivência entre as "raças". Essa ideologia surgiu após a abolição da escravatura e foi sustentada por intelectuais da época, afirmando a tese de que, no Brasil, as relações étnico-raciais eram harmoniosas e pacíficas, em que brancos e negros relacionavam-se de forma amigável e compartilhavam das mesmas oportunidades, não havendo, portanto, discriminação e muito menos racismo dentro da sociedade brasileira.

Uma das pautas que fortaleciam essa ideologia era a comparação com os Estados Unidos da América (EUA), onde existia uma relação bastante conflituosa e sangrenta entre negros e brancos. Se comparado aos EUA, percebe-se que as relações étnico-raciais no Brasil foram tratadas com vieses diferentes. Porém, não se pode ignorar a realidade de opressão e desigualdade que existia na relação entre brancos e negros no Brasil.

Em análise dos estudos posteriores à ideologia e do próprio contexto histórico-social brasileiro, nota-se que essa "democracia racial" nunca existiu de fato, sendo configurada apenas como um mito que foi criado com a finalidade de ocultar as desigualdades raciais e difundir a ideia de que, no país, não existia racismo, nem discriminação.

Nesse caso, o Estado estaria isento de responsabilidade institucional em se criar mecanismos de reparação e combate ao racismo, uma vez que, segundo o mito da democracia racial, no Brasil não acontecia a cultura da segregação, não havendo, portanto, o que se combater.

A sociedade civil, por sua vez, não se sentia culpada pelo fracasso dos negros, pois, diante de tanta passividade e de igualdade de oportunidades, conforme a ideologia da democracia racial, todas as dificuldades e problemas que a população negra pudesse ter, durante a vida, eram provenientes do seu próprio esforço (ou falta dele) e decorrente da sua herança biológica. Portanto, caracterizava-se assim um problema individual, não sendo necessária atuação estatal para reparar as desigualdades étnico-raciais observadas.

Conquistas sociais do movimento negro: positivação de legislação afirmativa no âmbito educacional e suas dificuldades de implementação

Desde a década de 1940, sobretudo após o fim da Segunda Guerra Mundial, o combate à discriminação racial e a violência étnica tem sido objeto de várias convenções, declarações e conferências da Organização das Nações Unidas (ONU), abrindo horizontes para uma virada epistemológica na segunda metade do século XX, com foco em ações que visam combater o preconceito e a discriminação. No Brasil, porém, somente em 1989 é que foi instaurada uma lei (Lei n° 7.716) que tipifica o crime de racismo no país.

O Movimento Negro e suas campanhas reivindicatórias, de caráter identitário por uma sociedade mais justa e igualitária, contribuíram para que o Estado brasileiro tivesse o compromisso em estabelecer projetos que promovessem políticas e programas para a população afro-brasileira, a fim de valorizar a história e a cultura do povo negro.

Essa contribuição do Movimento Negro foi bastante evidenciada, sobretudo, na "III Conferência Mundial contra o Racismo, a Discriminação Racial, a Xenofobia e as Formas Correlatas de Intolerância", que ocorreu em Durban, na África do Sul em 2001 e contou com a maciça participação de delegados e assessores técnicos brasileiros após muita cobrança e luta desses povos por reparação histórica e humanitária.

Diante desse evento que marcou o início de um novo tempo nas políticas públicas mundiais voltadas contra o racismo e demais formas de discriminação e, diante de uma série de reivindicações do Movimento Negro e denúncias de omissão do Estado, mediante as questões inerentes à desigualdade racial, foi instituída, em 09 de janeiro de 2003, a Lei n° 10.639, que inclui no currículo oficial da Rede de Ensino a obrigatoriedade da temática "História e Cultura Afro-brasileira".

A sanção dessa lei é uma iniciativa primordial rumo à reparação humanitária do povo negro brasileiro, porque rompe obstáculos e abre horizontes para que o país permita-se tomar medidas para retificar os danos materiais, físicos e psicológicos decorrentes do racismo e de todas as formas discriminatórias silenciadas ao longo dos tempos. Por conta disso, esse fato é considerado como uma das principais conquistas do Movimento Negro.

Conforme Nilma Lino Gomes, a lei

> Pode também ser entendida como uma resposta do Estado às demandas em prol de uma educação democrática, que considere o direito à diversidade étnico-racial como um dos pilares pedagógicos do país, especialmente quando se consideram a proporção significativa de negros na composição da população brasileira e o discurso social que apela para a riqueza dessa presença. (GOMES, 2012, p.19)

Partindo-se desse ponto, é possível observar que a Lei n° 10.639/03 não serve apenas de mecanismo ao combate à discriminação. Mais do que isso, ela é uma legislação afirmativa, uma conquista social do Movimento Negro, pois reconhece a escola como lugar de formação de cidadãos e afirma a relevância de ser promovida, neste ambiente, a necessária valorização das matrizes culturais que fizeram do Brasil um país rico, múltiplo e plural.

Petronilha Beatriz Gonçalves e Silva (2007), em seu artigo *Aprender, ensinar e relações étnico-raciais no Brasil* afirma que a Lei n° 10639/03

> Em outras palavras, persegue o objetivo precípuo de desencadear aprendizagens e ensinos em que se efetive participações no espaço público. Isto é, em que se formem homens e mulheres comprometidos com e na discussão de questões de interesse geral, sendo capazes de reconhecer e valorizar visões de mundo, experiências históricas, contribuições dos diferentes povos que têm formado a nação, bem como de negociar prioridades, coordenando diferentes interesses, propósitos, desejos, além de propor políticas que contemplem efetivamente a todos. (GONÇALVES E SILVA, 2007, p. 490)

Segundo a Lei n° 10.639/03, faz-se necessário reconhecer a escola como lugar de formação de identidade e valorização de riquezas culturais plurissignificativas, estabelecendo assim novas diretrizes e práticas pedagógicas que assumam a importância dos africanos e afro-brasileiros no processo de formação nacional.

O ambiente escolar é local de conflitos onde se encontra toda a pluralidade cultural. Estudar e pesquisar os grupos humanos formadores da nação é a maneira mais sensata de quebrar paradigmas e superar preconceitos. Antes de tudo, esse é o modo de conhecimento em que é proposto aos alunos a investigação, a reconstrução e o entendimento sobre a cultura nacional.

Abordar a diversidade é assunto diuturno no cotidiano escolar, para que haja a desconstrução de comportamentos racistas, por meio de discussões e do conhecimento, em vez de silenciamentos. Assim, pode-se construir uma formação educacional mais social em que o aluno seja situado como sujeito de sua realidade.

Considerando todo o passado de escravidão, marginalização e preconceito para com a população negra do Brasil, a positivação desse instrumento legal em favor de um grupo sócio- étnico-racial historicamente excluído, estruturalmente subjugado e institucionalmente segregado, representa um avanço muito grande do ponto de vista da identificação e reconhecimento das desigualdades, presentes no Brasil desde a época do "descobrimento".

A respeito desse tema, Adriano Senkevics (2014), no texto *Por que ensinar relações étnicos raciais e história da África nas salas de aula?* Declara

> Valorizar a cultura afro-brasileira como um componente nacional, estudar a história mundial com um olhar menos eurocêntrico, compreender as lutas do movimento negro pela igualdade social e racial no país, bem como pela superação do racismo, são etapas dessa transformação. (SENKEVICS, 2014)

Nesse contexto, não há como negar a importância da Lei n° 10.639/03 para a luta do movimento negro brasileiro. Porém, apenas uma lei que verse acerca da obrigatoriedade do ensino de História e Cultura Afro-brasileira e Africana nas escolas não é suficiente para que se tenha uma educação que contemple a diversidade.

Elencando alguns fatores para essa insuficiência legislativa, é possível destacar, *a priori*, que a Lei n° 10.639/03 carece de eficiência normativa, principalmente no que tange às ações concretas de regulamentação e aplicação da norma. Essas ações, por sua vez, são impedidas de serem colocadas em prática devido à estrutura social racista do Brasil, que estanca a plena efetividade da lei.

Ou seja, uma conquista do Movimento Negro, a Lei n° 10.639/03, ainda não é efetivamente cumprida em função de um conjunto de intolerâncias, práticas, hábitos e discriminações enraizadas na sociedade brasileira que, como abordado anteriormente, denomina-se racismo estrutural e promove, mesmo que indiretamente, a segregação e o preconceito racial.

Estas são consideradas algumas causas da dificuldade para a implantação dessa política curricular, que de acordo com Petronilha Beatriz Gonçalves e Silva (2007) em *Aprender, ensinar e relações étnico-raciais no Brasil*

> [...] se devem muito mais à história das relações étnico-raciais neste país e aos processos educativos que elas desencadeiam, consolidando preconceitos e estereótipos, do que a procedimentos pedagógicos, ou à tão reclamada falta de textos e materiais didáticos. (GONÇALVES E SILVA, 2007, p. 500)

Outra dificuldade percebida em muitas escolas brasileiras para a efetiva aplicação da Lei n° 10.639/03 encontra-se no que tange ao preparo e à formação dos professores acerca dessa temática, haja vista que muitas instituições não consideram como basilar o reconhecimento da importância da história e da cultura africana para a compreensão da verdadeira história do Brasil.

Fazendo um paralelo entre a falta de eficiência normativa da lei e a atual conjuntura educacional brasileira, é válido destacar o esforço de alguns educadores em incluir em suas atividades pedagógicas temas de natureza histórica e cultural da África, de forma a valorizar e reconhecer a importância histórica-sócio-cultural da população negra para a formação da sociedade brasileira.

Ainda falando sobre a efetivação da Lei n° 10.639/03, versa Nilma Lino Gomes (2011) em seu artigo *Diversidade étnico-racial, inclusão e equidade na educação brasileira: desafios, políticas e práticas*

> A sua efetivação dependerá da necessária mobilização da sociedade civil a fim de que o direito à diversidade étnico-racial seja garantido nas escolas, nos currículos, nos projetos político-pedagógicos, na formação dos professores, nas políticas educacionais. (GOMES, 2012, p. 116)

Deste modo, entende-se que a lei por si só não é capaz de ser efetivada. É necessário obter apoio de todos os agentes sociais, sobretudo da sociedade civil, que é o público-alvo, no que diz respeito ao ambiente educacional, que a lei quer alcançar, formando cidadãos conscientes e empenhados em promover condições de igualdade, no sentido mais amplo e genuíno da palavra, além de garantir ao povo negro, minoria socialmente excluída, o sentimento de pertencimento étnico-racial.

Portanto, para que se alcance, de fato, essa virada epistemológica na luta contra o racismo e as demais formas de preconceito e discriminação, é fundamental que trabalhemos incansavelmente em favor de uma educação antirracista. Mais ainda, é imprescindível que toda a sociedade civil coloque-se de forma ativa nessa reconstrução das relações étnico- raciais, redefinindo conceitos, desvencilhando-se de ideias e atitudes estruturalmente racistas, provocando cada vez mais reflexões e questionamentos acerca de uma sociedade mais justa e igualitária.

Considerações finais

Conforme foi apontado nessa revisão bibliográfica, a coexistência da diversidade de grupos étnico-raciais no Brasil, datada de cinco séculos atrás, nunca foi pacífica e harmoniosa. Pelo contrário, sempre esteve associada à dominação de um grupo sobre o outro, desde o período colonial até a era contemporânea.

Com base nesse fato, foi-se perpetuando, ao longo de toda história brasileira, a desigualdade social, em âmbito geral. Fazendo um recorte dessa problemática para a questão dos negros do país, observou-se que os índices de desigualdade desenvolveram-se em progressão geométrica, ou seja, cresceram de forma exponencial. Com isso, corroborou-se ainda mais a ideia de hierarquia de raças, naturalizando, assim, uma forma de violência e discriminação gigantesca contra a população negra: o *racismo estrutural*.

Apenas na segunda metade do século XX, após a fundação da ONU, é que começaram os debates acerca da questão étnico-racial em todo o mundo, principalmente no Brasil, país com maior população negra fora do continente africano. Nesse viés, destacou-se, conforme analisado, o Movimento Negro e sua luta incansável contra a discriminação racial, a violência étnica e, principalmente, contra o racismo estrutural.

Mesmo com todas as lutas, manifestações e resistências sociais, muitas conquistas desse movimento não conseguiram alcançar a eficiência esperada, como por exemplo, a dificuldade de implementação e efetivação da Lei n° 10.639/03 que, apesar de muito importante para o Movimento Negro, possui enormes limitações quanto a sua aplicabilidade.

Mediante algumas análises e reflexões sócio estruturais da história brasileira, por meio das observações e leituras realizadas neste estudo, constatou-se, de maneira fática, a intrínseca relação entre a ineficiência da Lei n° 10.639/03 e o racismo estrutural, em que a sociedade civil torna-se responsável por perpetuar hábitos altamente preconceituosos e segregacionistas no cotidiano, na maior parte das vezes, de forma velada e naturalizada.

Conclui-se, com base nos fatos aqui elencados, que somente a Lei n° 10639/03 não dará conta de mudar a realidade histórica e social de um grupo étnico-racial. A realidade é que o sistema educacional brasileiro pouco ou quase nada se importa ou demonstra interesse em se engajar nessa causa. Portanto, necessário faz-se questionar, analisar, investigar até que ponto a concepção dessa lei e sua implementação nas escolas possui apoio das políticas educacionais no Brasil, da sociedade civil e de todos os profissionais da educação para que o direito à diversidade étnico-racial no país, seja de fato uma garantia para as gerações de agora e as gerações que ainda virão.

Referências

ABRAMOWICZ, Anete (Org.); GOMES Nilma Lino (Org.). **Educação e raça**: perspectivas políticas, pedagógicas e estéticas. Belo Horizonte: Autêntica Editora, 2010

BRASIL. **Relatório do Comitê Nacional Para a Preparação da Participação Brasileira na III Conferência Mundial das Nações Unidas Contra o Racismo, Discriminação Racial, Xenofobia e Intolerância Correlata.** Disponível em: <http://www.dhnet.org.br/direitos/sos/discrim/relatorio.htm>. Acesso em: 12 de mar. de 2020.

DOMINGUES, Petrônio José. **O mito da democracia racial e a mestiçagem em São Paulo no pós-abolição (1889-1930).** Disponível em: <http://e- revista.unioeste.br/index.php/temposhistoricos/article/view/8019>. Acesso em: 14 de mar. de 2020.

FERREIRA, Nara Torrecilha. **Como o acesso à educação desmonta o mito da democracia racial.** Disponível em: <http://www.scielo.br/scielo.php?script=sci_arttext&pid=S0104- 40362019000300476>. Acesso em: 13 de mar. de 2020.

GOMES, Nilma Lino. Diversidade étnico-racial, inclusão e equidade na educação brasileira: desafios, políticas e práticas. **Revista Brasileira de Política e Admistração da Educação - Periódico científico editado pela ANPAE,** [S.1]. v. 27, n. 1, abril 2011. ISSN 2447-4193. Disponível em: <https://seer.ufrgs.br/rbpae/article/view/19971>. Acesso em: 15 de mar. de 2020.

MOREIRA, Antônio Flávio Barbosa; CANDAU, Vera Maria (orgs.). **Multiculturalismo**: diferenças culturais e práticas pedagógicas. Petrópolis: Vozes, 2008.

SENKEVICS, Adriano. **Por que ensinar relações étnico-raciais e história da África nas salas de aula?** Disponível em: <https://ensaiosdegenero.wordpress.com/2014/03/19/por-que- ensinar-relacoes-etnico-raciais-e-historia-da-africa-nas-salas-de-aula/>. Acesso em: 11 de mar. de 2020.

SILVA, Petronilha Beatriz Gonçalves e. Aprender, ensinar e relações étnico-raciais no Brasil. **Educação,** v. XXX, n°. 63, 2007, pp. 489-506. Editora Pontifícia Universidade Católica do Rio Grande do Sul.

SOARES, Iraneide da Silva. **Caminhos, pegadas e memórias: uma história social do Movimento Negro Brasileiro.** Disponível em: <https://www.pu-blicacoesacademicas.uniceub.br/relacoesinternacionais/article/view/3686>. Acesso em: 16 de mar. de 2020.

VIEIRA NETO, Tânia Danielle. **Relações étnico-raciais no ensino fundamental II em escolas públicas da cidade de Manhumirim/MG.** 2019. 185 f. Dissertação (Mestrado em Educação) – Instituto de Ciências Humanas e Sociais, Universidade Federal de Ouro Preto, Ouro Preto.

A importância da afetividade no processo de ensino-aprendizagem do aluno com autismo nos anos iniciais do ensino fundamental

Aline Gomes da Conceição
Dilzete Gasparini Alves
Djhuliane Moreira Nascimento
Juliana Precioso Dias
Mayara Geraldo Freire

Este artigo aborda a importância da afetividade no processo de ensino e aprendizagem que abrange crianças com o Transtorno do Espectro Autista – TEA, no Ensino Fundamental – Anos Iniciais, de uma escola pública de Vitória.

O objetivo deste estudo é levantar a percepção do professor sobre a importância da afetividade no processo de aprendizagem, como elemento facilitador no desenvolvimento e aprendizagem da criança autista.

O autismo é um transtorno do desenvolvimento neurológico caracterizado por dificuldades de comunicação e interação social associado a comportamentos restritos e repetitivos. Sua manifestação é muito diversa e seus sinais, embora comumente presentes na infância, podem surgir somente quando as demandas sociais extrapolarem os limites de suas capacidades. (SCHMIDT, 2016).

Pesquisas acerca da prevalência do autismo mostram um aumento significativo, sugerindo que o crescimento se deveu às mudanças nos critérios de diagnósticos ao longo dos anos. Segundo dados do CDC (Centers for Disease Control and Prevention), nos Estados Unidos, a estimativa é de aproximadamente de que 1 em 59 crianças têm o diagnóstico de autismo. Já no Brasil, estima-se que cerca 2 milhões de pessoas tenham autismo, no entanto, não há nenhuma pesquisa que identifique esses indivíduos.

A inclusão de pessoas com deficiência vem sendo discutida há muito tempo no âmbito educacional. Percebe-se a necessidade da inclusão do aluno autista em todo trabalho escolar, no entanto, sabemos que nos dias atuais muitas crianças que estão excluídas, mesmo estando "incluídas" nas instituições de ensino regular.

Diante os desafios que cercam a inclusão escolar, compreendemos que a inclusão desses alunos requer o envolvimento da escola e do professor, neste sentido, gera a necessidade de melhorar as condições de acessibilidade e aprimoramento das práticas pedagógicas. Vale ressaltar que a família também é fundamental neste processo.

O interesse pelo tema surgiu das nossas experiências em estágios obrigatórios e não obrigatórios. A afinidade e empatia que se construiu no dia a dia com os alunos com deficiência, especialmente o autista nos estimulou a pesquisar sobre a temática. Enquanto estagiárias, acompanhando alunos com autismo na sua rotina escolar, percebemos o quanto é desafiador o trabalho com esses alunos, pois requer uma busca diária em compreender pessoas que têm seus interesses restritos. No entanto, algumas atitudes nos chamaram atenção, como a falta de interação e proximidade entre o professor e o aluno com espectro autista em sala de aula. Refletindo sobre esses comportamentos, pensamos no quanto as relações afetivas entre o professor e aluno autista influenciaram no seu processo de aprendizagem. Segundo Tordin (2016) o professor desempenha importante influência sobre seus alunos, já que é o mediador da relação que se estabelecerá entre o aluno e o conteúdo a ser aprendido.

Considerando os estudos de Wallon (1992) a afetividade tem grande importância no desenvolvimento e aprendizagem do indivíduo, e por meio dela que o indivíduo acessa o mundo simbólico, originando a atividade cognitiva proporcionando assim o seu avanço. Nesta perspectiva, a afetividade torna-se um elemento importante para interação e a relação entre professor e o aluno autista, de maneira que favorece na confiança e no envolvimento desse aluno autista no seu processo de ensino e aprendizagem.

Diante disso, buscamos resposta para a seguinte problemática: Qual é a percepção do professor dos anos iniciais do Ensino Fundamental quanto a importância da afetividade na aprendizagem e desenvolvimento das crianças com autismo, incluídas na rede pública de ensino do município de Vitória?

O estudo realizado é uma pesquisa exploratória, de natureza qualitativa, e tendo como instrumento de coleta de dados a entrevista semi estruturadas, que foi aplicado a três professoras e uma pedagoga, de uma escola localizada no município de Vitória, onde se posicionaram com relação a sete perguntas que foram objeto de análise para responder a pergunta de pesquisa.

Transtornos do espectro autista

A palavra Autismo tem origem grega que é "autós" ou "de si mesmo". Esse termo foi usado pela primeira vez pelo psiquiatra suíço Eugene Bleuler em 1911. Bleuler buscou descrevê-lo como a "fuga da realidade e o retraimento interior dos pacientes acometidos de esquizofrenia". (CUNHA, 2012, p. 20).

Consequentemente muitos estudos foram realizados até chegar a uma definição do autismo. O Doutor Leo Kanner em 1943 foi o primeiro a descrever a síndrome que se caracteriza por deficiências importantes no desenvolvimento do mundo simbólico e imaginativo da criança, segundo Kanner (apud RIVIÈRE,1995),

> [...] autismo começou a ser compreendido como um "distúrbio profundo do desenvolvimento", ao invés de uma psicose semelhante à esquizofrenia adulta. Este enfoque é muito mais útil, sob o ponto de vista educacional, e constitui um reflexo de um amplo conjunto de investigações em que se estabeleceu relações entre o desenvolvimento normal e o autista.

O Transtorno do Espectro do Autismo (TEA) abrange diferentes condições marcadas pelo desenvolvimento neurológico que é diagnosticado através da observação do comportamento e sinais que a criança apresenta e pode ser classificado com três características fundamentais, de acordo com o Manual de Diagnóstico e Estatística dos Transtornos Mentais (DSM-5):

> Nível 1: exigindo apoio pouco substancial
> **Quanto à comunicação social:**
>
> Déficit graves nas habilidades de comunicação social verbal e não verbal causam prejuízos graves de funcionamento, grande limitação em dar início a interações sociais e resposta mínima a aberturas sociais que partem de outros. Por exemplo, uma pessoa com fala inteligível de poucas palavras que raramente inicia as interações e, quando o faz, tem abordagens incomuns apenas para satisfazer as necessidades e reage somente a abordagens sociais muito diretas.
>
> **Quanto a comportamentos restritos e repetitivos:**
>
> Inflexibilidade de comportamento, extrema dificuldade em lidar com a mudança ou outros comportamentos restritos/repetitivos interferem acentuadamente no funcionamento em todas as esferas. Grande sofrimento/dificuldade para mudar o foco.

Nível 2: exigindo apoio substancial
Quanto à comunicação social:

Déficit graves nas habilidades de comunicação social verbal e não verbal; prejuízos sociais aparentes mesmo na presença de apoio; limitação em dar início a interações sociais e resposta reduzida ou anormal a aberturas sociais que partem de outros.

Quanto a comportamentos restritos e repetitivos:

Inflexibilidade do comportamento, dificuldade de lidar com a mudança ou outros comportamentos restritos/repetitivos aparecem com frequência suficiente para serem óbvios ao observador casual e interferem no funcionamento em uma variedade de contextos. Sofrimento e/ou dificuldade de mudar o foco ou as ações.

Nível 3: exige apoio muito substancial:
Quanto à comunicação social:

Na ausência de apoio, déficit na comunicação social causam prejuízos notáveis. Dificuldade para iniciar interações sociais e exemplos claros de respostas atípicas ou sem sucesso a aberturas sociais dos outros. Pode parecer apresentar interesse reduzido por interações sociais. Por exemplo, uma pessoa que consegue falar frases completas e envolver-se na comunicação, embora apresente falhas na conversação.

Quanto à interação social:

Inflexibilidade de comportamento causa interferência significativa no funcionamento em um ou mais contextos. Dificuldade em trocar de atividade, problemas de organização e planejamento. (APA, apud, FERREIRA 2017, p. 37).

Segundo Mello (2005) esses sintomas estão presentes em idade cada vez mais precoces e normalmente é identificado em crianças por volta dos três anos de idade, e com esses diagnósticos precoces o número de criança com autismo só vem aumentando.

Segundo dados calculados a partir do Censo Escolar 2018 do Instituto Nacional de Estudos e Pesquisa Educacionais Anísio Teixeira (INEP, 2019), no Brasil há 92,1% de alunos com deficiência, transtornos globais do desenvolvimento ou altas habilidades/superdotação incluídos em classes regulares ou classes especiais exclusivas. Em 2014, esse percentual era de 33,2%. Com isso, é possível perceber o aumento na porcentagem de crianças com deficiência matriculadas nas instituições de ensino e consequentemente surgem desafios nos espaços escolares.

A educação inclusiva está cada vez mais presente dentro da realidade em que vivemos, e é constante a inserção de alunos com necessidades educativas especiais em sala de aulas regulares com crianças da mesma faixa etária, mas só a presença desses alunos não é garantia que eles estejam aprendendo. Muitos docentes se sentem inseguros, por não estarem preparados para atender a essa demanda.

De fato, a inclusão causa algumas mudanças no padrão educacional já constituído, nesse sentido a escola tem que se reestruturar física e pedagogicamente para receber os alunos com necessidades educativas especiais. Como afirmam Basílio e Moreira (acesso em 03/11/2019), "Na inclusão, não é a criança que se adapta à escola, mas a escola que para recebê-la deve se transformar".

Desse modo, faz-se necessário que haja uma mudança no sistema escolar e social, para que na prática a inclusão dos alunos autistas seja realmente efetiva. Sendo assim, a escola é uma das grandes responsáveis para que esse indivíduo com autismo se desenvolva, construindo intervenções pedagógicas numa perspectiva inclusiva.

Diante dos estudos realizados observamos que Wallon (apud MAHONEY, ALMEIDA, 2006, p. 58) e Vygostky (apud, SIQUEIRA, CHICON, 2016, p. 45) têm em comum alguns pontos: se tratando da afetividade, que relacionam o ambiente cultural/social e os processos afetivos e cognitivos.

Segundo Vygotsky (apud SIQUEIRA, CHICON, 2016, p. 45), o homem necessita do outro para desenvolver-se e construir-se ser social. O aluno com autismo é um ser humano que está se descobrindo no meio social em que está inserido, deste modo é importante pensar que para educar um aluno com autismo é necessário entender que ele necessita do outro para se desenvolver, não é apenas pensar nas práticas pedagógicas, mas na interação social, no envolvimento desse aluno em todo o processo de mediação, porque é com o outro que esse aluno irá se formar como pessoa.

Wallon (apud MAHONEY, ALMEIDA, 2006, p. 58) destaca que existem outros meios sociais a serem compartilhados, mas que o ambiente escolar é essencial para o desenvolvimento do professor e o aluno, pois viabiliza diferentes oportunidades de participação em outros grupos. Segundo Mahoney e Almeida (2006, p. 58),

> A escolha de Henri Wallon para iluminar a questão da afetividade no processo ensino-aprendizagem decorre de várias razões: sua teoria psicogenética auxilia a compreensão do desenvolvimento e oferece contribuições para o processo ensino-aprendizagem. Dá subsídios para compreender o aluno e o professor e a interação entre eles; ao focalizar o meio social como um dos conceitos fundamentais da teoria, coloca a questão do desenvolvimento no contexto ao qual está inserido, e a escola como um dos meios fundamentais para o desenvolvimento do aluno e do professor; estabelece uma relação fecunda entre psicologia e educação, ou seja, psicologia e pedagogia constituem momentos complementares de uma mesma atitude experimenta.

Assim destacamos a importância que a escola tem na vida dessa criança no processo de ensino e aprendizagem, ao receber o aluno o professor deve saber exatamente como estimular a sua participação com a turma, buscando compreender as suas especificidades, de modo a garantir ganhos sociais e de aprendizagem, como cita RIVIÈRE (1995),

> Os sentimentos de estupor e incompetência dos professores nestas situações não são de forma alguma negativos. Ao contrário, podem constituir um primeiro passo que mobiliza a necessidade de compreender os autistas é ajudá-los através da educação. Para educar os autistas, não basta conhecer e aplicar determinadas técnicas, sendo necessário tratar de compreender no que consiste ser autista.

Por isso é necessário que o professor tenha paciência no aprendizado desse aluno e não espere resultados imediatos, devem-se buscar informações, fazer pesquisas, se atualizar para entender melhor a forma de trabalhar, se envolver e aprender a se relacionar com o mundo dos autistas, assim o professor no primeiro momento deve ser aprendiz do seu aluno. Cunha (2012, p. 34) destaca que:

> Muito raramente, a criança com autismo interage pelo olhar, mesmo quando o adulto o chama. Para receber o seu olhar, o professor precisa fisicamente abaixar-se até ela, ficar na sua estatura. Atraí-la pelo olhar. Quando o professor faz assim, é possível que a criança o veja. Isto é muito significativo e deve ser usado sempre com qualquer indivíduo na educação, porque, verdadeiramente, é essencial atraí-lo para educar.

Portanto, atrair o aluno é fundamental para o seu desenvolvimento e a sua educação, com base nisso o professor precisa incluir em sua rotina e nas suas práticas pedagógicas o afeto por esse aluno, criar um vínculo de afetividade, desenvolver atividades que sejam lúdicas e educativas, mediar às atividades em grupo, trabalhando a interação e a comunicação em sala de aula nos momentos de aprendizagem, torna esse momento de conhecimento mais prazeroso não só para o seu aluno autista, mas também para toda a turma envolvida no processo de ensino-aprendizagem. Como acrescenta Freitas (2000, p.211),

> [...] professores na verdade são mestres, pois utilizam em suas aulas não só a argumentação oriunda da razão, mas também aliada a emoção estabelecendo assim o ambiente e o contexto necessário para o desenvolvimento da inteligência e da afetividade de seus alunos. Tocando e convidando significativamente seus alunos à aventura de se permitirem ser como são.

Deste modo, adaptar o currículo escolar aos alunos com TEA, faz com que essas crianças sejam incluídas estimuladas e dentro do ambiente escolar, acolhendo as suas necessidades e desenvolvendo as suas competências cognitivas, afetivas e sociais. Sendo assim, as pessoas com autismo têm o mesmo direito à educação como está assegurado por lei, na Constituição Federal 1988, no art. 208, III, "atendimento educacional especializado (AEE) aos portadores de deficiência, preferencialmente na rede regular de ensino", e também o direito a leis especiais como a Lei Berenice Piana (L.12.764/12) que institui a Política Nacional de Proteção da Pessoa com Transtorno do Espectro Autista e define as diretrizes que assegura alguns direitos específicos como, uma vida digna, integridade física e moral, livre desenvolvimento da personalidade, segurança e lazer.

O professor deve acolher esse aluno com todos os seus direitos e fazer com que a sua inclusão na escola seja prazerosa e a sua intervenção seja efetiva. Considerando o contexto da educação especial inclusiva, o curso de desenvolvimento precede sempre o da aprendizagem. A aprendizagem segue sempre o desenvolvimento, Vygotsky (2006). Desse modo é importante ressaltar a participação dos alunos com TEA no processo de inclusão e aprendizagem.

Trabalhando as habilidades sociais básicas, como o contato visual, a comunicação, o período de atenção compartilhada e a flexibilidade, torna possível a aprendizagem desse aluno. Algumas atividades e recursos que pode se trabalhar com as crianças com TEA, são relacionados a jogos educativos e brincadeiras que estimula o raciocínio, desenvolve as habilidades e estimula a construção de novos conhecimentos; a utilização de recursos visuais; a comunicação para o desenvolvimento da linguagem; trabalhar as emoções, as expressões faciais, através de um ensino direto e da linguagem corporal. Além das atividades o professor pode contribuir na organização da rotina, na elaboração de recursos e na orientação dos profissionais da escola nas estratégias do cotidiano escolar, mas para que isso se torne efetivo é necessário e fundamental que se capacite de forma contínua o professor, dando a ele auxílio para desenvolver um trabalho educativo coerente e digno.

Com essa perspectiva se torna gratificante quando o professor se preocupa com a particularidade de cada aluno e contribui para o seu desenvolvimento por meio da inclusão dentro do ambiente escolar, fazendo com que o aluno autista se sinta incluso dentro e fora dela, a escola tem que estar preparada para acolher esse aluno e a família, e fornece suporte ao professor, porque para se obter sucesso na inclusão dessa criança o trabalho precisa ser realizado em conjunto. Segundo Cunha (2014, p.32), a educação nas escolas inclusivas, independentemente do grau de severidade, deve ser vivenciada individualmente na sala de recursos e na sala de ensino comum, favorecendo a sociabilidade, porque incluir é aprender junto.

Neste sentido a escola se torna de suma importância na vida dessa criança, visto que nos dias de hoje, entre todas as situações que passam uma pessoa com necessidades especiais, o julgamento social é o mais crítico na entrada e permanência na escola.

No que diz respeito à Legislação, houve alguns avanços referentes à garantia dos direitos das pessoas com necessidades educativas especiais.

Como destaca a LDB nº 9394 em seus artigos 58 e 59:

> Art. 58. § 1º- Haverá, quando necessário, serviços de apoio especializado, na escola regular, para atender às peculiaridades da clientela de educação especial.
>
> § 2º O atendimento educacional será feito em classes, escolas ou serviços especializados, sempre que, em função das condições específicas dos alunos, não for possível a sua integração nas classes comuns de ensino regular.
>
> § 3º A oferta de educação especial, nos termos do **caput** deste artigo, tem início na educação infantil e estende-se ao longo da vida, observados o inciso III do art. 4º e o parágrafo único do art. 60 desta Lei.
>
> Art. 59. Os sistemas de ensino assegurarão aos educandos com deficiência, transtornos globais do desenvolvimento e altas habilidades ou superdotação:
>
> I - currículos, métodos, técnicas, recursos educativos e organização específicos, para atender às suas necessidades;
>
> II - terminalidade específica para aqueles que não puderem atingir o nível exigido para a conclusão do ensino fundamental, em virtude de suas deficiências, e aceleração para concluir em menor tempo o programa escolar para os superdotados;
>
> III - professores com especialização adequada em nível médio ou superior, para atendimento especializado, bem como professores do ensino regular capacitados para a integração desses educandos nas classes comuns;
>
> IV - educação especial para o trabalho, visando a sua efetiva integração na vida em sociedade, inclu-

sive condições adequadas para os que não revelarem capacidade de inserção no trabalho competitivo, mediante articulação com os órgãos oficiais afins, bem como para aqueles que apresentam uma habilidade superior nas áreas artística, intelectual ou psicomotora;

V - acesso igualitário aos benefícios dos programas sociais suplementares disponíveis para o respectivo nível do ensino regular.

De acordo com a lei podemos compreender que a educação inclusiva é um fator significativo para a formação desse aluno e inserção na sociedade, contribuindo assim para o seu desenvolvimento.

Descrição das entrevistas e análise dos resultados

A entrevista foi constituída por 7 questões que tinham a finalidade de descobrir de que maneira o docente compreende a importância da afetividade nos processos de ensino aprendizagem de crianças autistas.

Para melhor organização e análise dos dados, as questões foram organizadas em três categorias: Formação Continuada / Conhecimentos; Práticas Pedagógicas para Inclusão; Sentimento/ Afetividade no Contexto Sala de Aula com Autista.

Categoria: formação continuada/ produção de conhecimento sobre a inclusão

PERGUNTA: Já realizou leitura ou recebeu alguma formação sobre autismo?

Obtivemos respostas sobre a Formação Continuada/ Conhecimentos, consideramos que 3 das professoras estão sempre procurando conhecer mais sobre o autismo, interagindo com as leituras e buscando fazer sempre que tem oportunidade a formação continuada e 1 das entrevistadas não correspondeu o objetivo da pergunta, apesar da insistência da pesquisadora a resposta se manteve nos indicando que a professora não tinha disponibilidade de tempo para aprofundar a reflexão e contribuir com a pesquisa.

1ª Resposta da Pedagoga F.P – "Sim, sempre procuro ir a palestras e ler sobre o assunto, principalmente sobre métodos comportamentais".

2ª Resposta da Professora R.S – "Sim, Eu gosto muito de ler sobre o assunto para estar sempre informada sobre as práticas inclusivas".

3ª Resposta da Professora D.N – "Leituras sim, formação não".

4ª Resposta da Professora R.A – "Não".

As respostas obtidas corroboram a importância da formação continuada como afirma Garcia (1999, p. 22)

> A formação continuada de professores favorece questões de investigação e de propostas teóricas e práticas que estudam os processos nos quais os professores se implicam, e que lhes permite intervir profissionalmente no desenvolvimento do seu ensino, do currículo e da escola.

Categoria: práticas pedagógicas para inclusão

PERGUNTAS: Como essas leituras contribuíram para sua reflexão e a melhoria na sua prática pedagógica?

Nessa questão apresentada conseguimos observar que 3 docentes buscam agregar conhecimentos diante das leituras para assim trazer melhorias dentro da sala de aula, que corresponde: adaptação da rotina, prática pedagógica e interação com o outro para poder atender esse aluno autista e 1 das professoras afirma que faz leitura, porém é no contexto geral e não em algo específico.

1ª Resposta da Pedagoga F.P – "A leitura me proporciona a entender um pouco mais como funciona o pensamento desses estudantes".

2ª Resposta da Professora R.S – "Os autores sempre trazem algo novo que nos leva a refletir sobre a nossa prática dando suporte pedagógico".

3ª Resposta da Professora D.N – "A diversidade de diferentes textos trazem informações de como lidar com o outro e com esses alunos".

4ª Resposta da Professora R.A – "Sempre atuei como professora regente de 1° ao 5° ano procuro ler sobre todo contexto escolar".

De acordo com Orrú (2003, p. 1),

> É imprescindível que o educador e qualquer outro profissional que trabalhe junto à pessoa com autismo seja um conhecedor da síndrome e de suas características inerentes. Porém, tais conhecimentos devem servir como sustento positivo para o planejamento das ações a serem praticadas e executadas [...].

PERGUNTA: Você sentiu necessidade de adaptar suas práticas às necessidades do aluno autista? Como ocorreu essa adaptação?

Com as respostas obtidas, 3 das docentes entrevistadas deixa bem claro que existe a necessidade de fazer adaptações nas práticas pedagógicas e inclusão com os colegas dentro da sala de aula, para assim melhor atender esses alunos autista e 1 das professoras afirma que não precisou de adaptação para com o aluno autista, pois sabia que iria ter apoio da professora de educação especial.

1ª Resposta da Pedagoga F.P – "Sim, uma vez que cada criança é única e as crianças autistas em especial tem sua especificidade".

2ª Resposta da Professora R.S – "Sim, mudei primeiramente meu jeito de falar com todas as crianças da sala, percebi que olhar no olho é fundamental para um bom diálogo, observar as necessidades da criança com uma maneira específica em atendê-la".

3ª Resposta da Professora D.N – "Sim diariamente fui trabalhando a adaptação dele, para que ele se sentisse confortável em estar dentro de sala comigo e com os colegas, para o seu melhor desenvolvimento na aprendizagem".

4ª Resposta da Professora R.A – "Não, ele era muito tranquilo adaptou rápido".

Obtivemos através das respostas das participantes a categoria de Práticas Pedagógicas Para Inclusão, que corroboram com o Direito à educação de acordo com a Lei 13146/2015:

> Art. 27. A educação constitui direito da pessoa com deficiência, assegurados sistema educacional inclusivo em todos os níveis e aprendizado ao longo de toda a vida, de forma a alcançar o máximo desenvolvimento possível de seus talentos e habilidades físicas, sensoriais, intelectuais e sociais, segundo suas características, interesses e necessidades de aprendizagem.

PERGUNTA: Como é sua relação com aluno autista no espaço pedagógico nas dimensões cognitiva, afetiva e social?

1ª Resposta da professora F.P – "A relação se baseia em muita conversa ordens diretas de forma clara e objetiva. Durante o dia as conversas são realizadas olhos nos olhos procurando sempre manter uma rotina com figuras".

2ª Resposta da professora R.S – "Valorizar suas aprendizagens e explorar os conhecimentos dentro dos seus limites, demonstrar afeto partindo de um ambiente acolhedor e harmonioso, respeitar o contexto social, e estimular a interação social entre os pares".

3ª Resposta da professora D.N – "Criando um ambiente harmonioso e afetivo entre aluno e professor, buscando o olhar desse aluno para que ele se sinta tranquilo dentro de sala e saber se comunicar também é essencial para a aprendizagem, respeitando o seu contexto social e suas limitações".

4ª Resposta da professora R.A – "Tem que manter o ambiente harmonioso e aconchegante, para que as aprendizagens aconteçam de forma natural com a interação com o outro".

Ao analisar as respostas, observamos que as 4 entrevistadas demonstram preocupações semelhantes como o ambiente, o diálogo, o afeto e o respeito com essas crianças, para que sintam acolhidas dentro do ambiente escolar, entretanto 3 delas menciona o olho no olho como ponto fundamental na relação do professor e aluno, reconhecendo as suas especificidades para desenvolver a sua aprendizagem. Segundo AQUINO (1996 p. 50),

> Os laços afetivos que constituem a interação Professor-Aluno são necessários à aprendizagem e independem da definição social do papel escolar, ou mesmo um maior abrigo das teorias pedagógicas, tendo como base o coração da interação Professor-Aluno, isto é, os vínculos cotidianos.

Categoria: sentimento/afetividade no contexto sala aula com autista

PERGUNTA: Qual foi o seu sentimento quando recebeu uma criança autista na sua sala de aula?

1ª Resposta da Pedagoga F.P – "O meu sentimento foi de um novo desafio, e um ano de novas descobertas e aprendizagem".

2ª Resposta da Professora R.S – "Fiquei muito feliz, pois meu TCC de pós-graduação falei sobre autismo, conhecia somente na teoria, ao chegar uma criança autista na sala vivi a prática com base teórica".

3ª Resposta da Professora D.N – "Fiquei um pouco apreensiva no início, mas fui em busca de informações para o melhor desenvolvimento dele."

4ª Resposta da Professora R.A – "Fiquei muito preocupada sem sabe o que fazer, mais chegou a professora de educação especial e deu muito apoio".

Das 4 entrevistadas identificamos que para 3 das professoras foi um grande desafio receber uma criança autista em sua sala, mas para 1 professora foi uma descoberta maravilhosa pois assim iria colocar em prática o que ela adquiriu apenas na teoria. Sendo assim observamos que a ingressão do aluno autista afeta emocionalmente o professor mesmo que esteja mais preparado por meio da formação continuada ou aqueles que não tiveram formação adequada na área inclusiva, de acordo com Rodrigues (apud, SILVEIRA, 2014),

> Os motivos para o ser humano aprender qualquer coisa são profundamente interiores. Segundo ele, uma criança aprende melhor e mais depressa quando se sente amada, está segura e é tratada como um ser singular. E os motivos da criança para aprender são os mesmos que ela tem para viver, pois não se dissociam de suas características físicas, motoras, afetivas e psicológicas.

PERGUNTA: Em sua opinião, o que considera ser mais difícil no ensino do aluno autista?

1ª Resposta da Pedagoga F.P – "O mais difícil e compreender seu comportamento e conseguir que ele consiga interagir com seus pares".

2ª Resposta da Professora R.S – "Aprender a lidar com suas especificidades, entender o que ele realmente quer e gosta de fazer".

3ª Resposta da Professora D.N – "Deixar o ambiente tranquilo, pois os alunos com autismo não gostam de agitação e barulho, a dificuldade também surgiu na concentração e atenção deles para conseguir avançar na aprendizagem".

4ª Resposta da Professora R.A – "Falta de comunicação, pois temos que fazer com que eles entendam e não sabemos o resultado".

Observamos que no decorrer das respostas a uma diversidade de desafios que as 4 professoras enfrentam para ensinar o seu aluno autista, relatos das dificuldades encontrada na interação e falta de comunicação, especificidades que são encontrada em cada aluno autista, de acordo com Gauderer (apud, SOUSA, 2015),

> Educar uma criança, por mais difícil que seja, aumenta o sentimento de amor na maioria das pessoas. Os pais sentem que a criança é parte deles e da família, não querendo que ela vá embora. Além disso, a criança autista pode ser bastante cativante e sua própria impotência e confusão faz brotar emoções profundas nos que lidam com ela. Então, quando começam a fazer progresso, a alegria que cada pequeno passo avante traz, parece muitas vezes maior do que é dado por uma criança normal.

PERGUNTA: Em sua opinião a afetividade é um elemento determinante para a relação de ensino e aprendizagem do aluno autista?

De acordo com as respostas obtidas as 4 entrevistadas compreende que a afetividade é um elemento motivador no desenvolvimento do aluno autista.

1ª Resposta da professora F.P – "Sim, uma vez que as crianças com autismo têm que criar um laço de confiança".

2ª Resposta da professora R.S – "Sim, a criança ao chegar no espaço escolar necessita de um ambiente que dê continuidade ao seu processo de aprendizagem, em um espaço harmonioso".

3ª Resposta da professora D.N – "Sim, pois o aluno precisa ganhar a confiança em nós professores para poder desenvolver a sua aprendizagem".

4ª Resposta da professora R.A – "Sim, Através do afeto eles se sentem seguros para receber os comandos do professor desenvolvendo assim suas aprendizagens".

As respostas obtidas sobre a categoria de Sentimentos/ Afetividade no contexto sala de aula com autista, de acordo com Rodrigues (apud SILVEIRA, 2014),

> diz que os motivos para o ser humano aprender qualquer coisa são profundamente interiores. Segundo ele, uma criança aprende melhor e mais depressa quando se sente amada, está segura e é tratada como um ser singular. E os motivos da criança para aprender são os mesmos que ela tem para viver, pois não se dissociam de suas características físicas, motoras, afetivas e psicológicas.

Os resultados obtidos através da entrevista que foi realizada demonstraram que 3 das entrevistadas se sentiram confortáveis com as perguntas, demonstrando conhecimento em relação aos alunos com autismo e suas especificidades, nas relações afetivas, cognitivas e sociais. As entrevistadas demonstraram a preocupação com o ambiente e o afeto que deve existir entre professor e aluno. O que mais nos chamou atenção foi quando as respostas das 3 professoras enfatizaram o olho no olho que é necessário para se comunicar com esse aluno, como ressaltamos o autor Cunha em nosso referencial teórico.

A pesquisa revela uma visão mais ampla das experiências em que as professoras obtiveram com esses alunos e os seus sentimentos e incertezas ao recebê-los em sala, entretanto não deixando o receio atrapalhar a sua metodologia de ensino e muito menos excluir essas crianças.

Durante a entrevista, 1 das professoras não demonstrou interesse em se aprofundar sobre o assunto abordado, pois receberia o apoio da professora de educação especial para atender o seu aluno e 3 relataram interesse em buscar informações em livros e autores que possam ajudá-las nessa nova fase, se preocupando em deixar sempre o ambiente harmonioso e tranquilo para avançar na aprendizagem de forma natural.

De acordo com Beyer (apud, SOUSA, 2015),

> O professor em sala de aula é peça fundamental para que a ação educativa junto aos alunos com necessidades educacionais especiais tenha margem razoável de sucesso. Assim, tanto a formação inicial como a formação continuada do professor em serviço deve englobar conceitos e uma prática pedagógica que criem as condições para uma prática educativa coerente com o projeto inclusivo (BEYER, 2007, p. 80).

Desse modo, considerando as respostas apresentadas analisamos que os resultados obtidos nos fazem refletir como os envolvimentos dos professores são peça fundamental no desenvolvimento de todo processo de ensino-aprendizagem do aluno autista, empenhando-se em estabelecer uma relação de afetividade, para que essas crianças possam desenvolver suas capacidades dentro e fora do ambiente escolar

Considerações finais

Os resultados dessa pesquisa direcionam um caminho a ser percorrido pelos professores dos anos iniciais, no que diz respeito ao processo de aprendizagem de alunos com TEA, pautado na afetividade como instrumento crucial para seu pleno desenvolvimento estudantil.

O trabalho foi realizado na perspectiva de compreender e analisar a percepção que os professores possuem acerca da afetividade no processo de aprendizagem e desenvolvimento dos alunos com o Transtorno Espectro Autista. Baseado nos dados coletados e analisados extraído da pesquisa exploratória realizada, as professoras entrevistadas demonstraram grande interesse pelo vínculo afetivo e reconhecem sua importância no processo de aprendizagem do aluno.

Foi perceptível que o vínculo afetivo é um instrumento amplamente explorado pelos professores a fim de oportunizar o conhecimento. Todavia apenas uma professora entrevistada demonstrou pouco interesse em buscar uma formação continuada no que aponta para o processo de inclusão de alunos autistas.

No contexto geral, vemos que ainda há uma fragilidade no corpo docente de professores quanto às práticas pedagógicas de alunos com TEA.

A pesquisa realizada não apresenta limites tangíveis, visto que o tema é amplo e outros instrumentos de pesquisas podem ser utilizados para agregar mais valor conhecimento à temática abordada, visando um aproveitamento num todo.

O estudo dessa temática foi de suma importância e de grande aprendizado, pois nos levou a uma profunda reflexão acerca dos elementos que envolvem a aprendizagem dos alunos autistas.

Os benefícios que foram gerados agregam valor na vida acadêmica, no nosso papel social diante da inclusão, bem como profissionais aptos para contribuir com o pleno desenvolvimento desses alunos.

Referências

AQUINO, J. R. G. **A desordem na relação professor-aluno:** indisciplina, moralidade e conhecimento. In. J. R. G. AQUINO (Org.) Indisciplina na escola: alternativas teóricas e práticas. São Paulo: Summus editorial, 1996.

BASÍLIO, Ana; MOREIRA, Jéssica. **Autismo e escola:** os desafios e a necessidade da inclusão. Disponível em: ≤https://educacaointegral.org.br/reportagens/autismo-escola-os-desafios-necessidade-da-inclusao/≥. Acesso em: 03 nov. 2019

BRASIL. Constituição da República Federativa do Brasil de 1988. Disponível em: ≤http://www.planalto.gov.br/ccivil_03/constituicao/constituicao.htm≥. Acesso: 12 out. 2019.

BRASIL. **Lei nº 9394, de 20 de dezembro de 1996**. Estabelece as diretrizes e bases da educação nacional. Disponível em: ≤http://www.planalto.gov.br/ccivil_03/leis/l9394.htm≥. Acesso: 25 out. 2019.

BRASIL. Lei nº 12.764, de 27 de dezembro de 2012. Disponível em: ≤http://www.planalto.gov.br/ccivil_03/_Ato2011-2014/2012/Lei/L12764.htm≥. Acesso: 12 out. 2019.

BRASIL. **Lei nº 13.146, de 6 de julho de 2015.** Disponível em: <http://www.planalto.gov.br/ccivil_03/_ato2015-2018/2015/lei/l13146.htm>. Acesso em: 24 nov. 2019.

BRUST, Josiane Regina. **A influência da afetividade no processo de aprendizagem de crianças nos anos iniciais do ensino fundamental.** 2009. 40f. Trabalho de Conclusão de Curso (Graduação em Pedagogia) – Universidade estadual de Londrina, Londrina, 2009.

 Centros de Controle e Prevenção de Doenças. Estados Unidos, 2018. Disponível: <https://www.cdc.gov/spanish/mediosdecomunicacion/comunicados/p_prevalencia-autismo_042618.html>. Acesso em: 22 nov. 2019

CUNHA, Eugênio. **Autismo na Escola:** um jeito diferente de aprender, um jeito diferente de ensinar- ideias e práticas pedagógicas. 2 ed. Rio de Janeiro: Wak Editora, 2014.

CUNHA, Eugênio. **Autismo e Inclusão:** psicopedagogia e práticas educativas na escola e na família. 4°ed. Rio de Janeiro: Wak Editora, 2012.

FERREIRA, Renata de Souza. **Contribuição das neurociências para a formação continuada de professores visando a inclusão de alunos com transtorno de espectro autista.** Ouro Preto, 2017. Disponível em: ≤https://www.repositorio.ufop.br/bitstream/123456789/9429/1/DISSERTA%C3%87%-C3%83O_Contribui%C3%A7%C3%B5esNeuroci%C3%AAnciasForma%-C3%A7%C3%A3o.pdf≥. Acesso: 17 nov. 2019.

FREITAS, Nilson Guedes de. **Pedagogia do amor:** caminho da libertação na relação professor aluno. 2ª ed. Rio de Janeiro: WAK, 2000.

GARCIA, Carlos Marcelo. **Formação de professores para uma mudança educativa.** Porto: Porto Editora, 1999.

GIL, A. C. **Como Elaborar Projetos de Pesquisa.** 5ª ed. São Paulo: Atlas, 2010.

GONSALVES, E. P. **Conversas sobre iniciação à pesquisa científica.** Campinas, SP: Alínea, 2001.

INEP. **Censo Escolar.** Brasília: 2019. Disponível em: ≤http://portal.inep.gov.br/artigo/-/asset_publisher/B4AQV9zFY7Bv/content/censo-escolar-2018-revela-crescimento-de-18-nas-matriculas-em-tempo-integral-no-ensino-medio/21206≥. Acesso: 9 out. 2019.

MAHONEY, Abigail Alvarenga; ALMEIDA, Laurinda Ramalho de. **Afetividade e aprendizagem.** São Paulo: Duetto, 2006.

MANZINI, E. J. **A entrevista na pesquisa social.** Didática, São Paulo, v 26/27, 1990/1991.

MARTINS, Mara R. R. **Inclusão de alunos autistas no ensino regular:** concepções e práticas pedagógicas de professores regentes. 2007. 163 f. Dissertação (Mestrado em Psicologia) - Universidade Católica de Brasília. Brasília, 2007. Disponível em: <http://www.inclusive.org.br/?p=10164>. Acesso em 29 de Novembro de 2019.

MELLO, Ana Maria S Ros de. **Autismo: guia prático.** 4.ed. São Paulo: AMA; Brasília: CORDE, 2005.

ORRÚ, S. E. **A formação de professores e a educação de autistas.** Brasil, 2003. Disponível em: ≤https://rieoei.org/RIE/article/view/2965/3882≥. Acesso: 27 nov. 2019

PIAGET, Jean. ; VYGOTSKY, Lev Semenovich.; WALLON, Henri. **Teorias psicogenéticas em discussão/** Yves de La Taille, Marta Kohl de Oliveira, Heloysa Dantas. São Paulo: Summus, 1992.

RIVIÈRE, ÂNGEL. **O autismo e os transtornos globais do desenvolvimento.** In: COLL, César. ; PALACIOS, Jesús. ; MARCHESI, Álvaro. **Desenvolvimento psicológico e educação. Necessidades educacionais especiais e aprendizagem escolar.** V. 3. Porto Alegre: Artmed Editora, 1995.

SCHMIDT, C.; NUNES, D. R de P.; PEREIRA, D. M.; OLIVEIRA. V. F.; NUERNBERG. A. H.; KUBASKI. C. **Inclusão Escolar e Autismo:** uma análise da percepção docente e práticas pedagógicas. São Paulo. V. 18, n. 1, p. 222-235, 2016. Disponível em: ≤http://pepsic.bvsalud.org/scielo.php?script=sci_arttext&pid=S1516-36872016000100017#back≥. Acesso em: 23 nov. 2019

SILVEIRA, Elisete Avila. Rio Grande: 2014. **A importância da afetividade na aprendizagem escolar:** o afeto na relação aluno-professor. Disponível em: ≤https://psicologado.com.br/atuacao/psicologia-escolar/a-importancia-da-afetividade-na-aprendizagem-escolar-o-afeto-na-relacao-aluno-professor≥. Acesso em: 28 nov. 2019

SIQUEIRA, M. F.; CHICON, J. F. **Educação Física, Autismo e Inclusão.** 1º ed. São Paulo: Fontoura Editora, 2016.

SOUSA, Maria Josiane. **Professor e o autismo:** desafios de uma inclusão com qualidade. Brasília: 2015. Disponível em: ≤http://bdm.unb.br/bitstream/10483/15847/1/2015_MariaJosianeSousaDeSousa_tcc.pdf≥. Acesso em: 28 nov. 2019.

TORDIN, R. T. **Afetividade e Aprendizagem:** um estudo sobre as produções e as repercussões. Campinas, SP: [s.n.], 2016. Universidade Estadual de Campinas. Faculdade de Educação (Graduação em Pedagogia).

VIGOTSKY, L. S. **Os princípios psicológicos da brincadeira pré-escola.** In: VIGOTSKY, L.S; LEONTIEV, A. N.; LURIA A. R. Linguagem, desenvolvimento e aprendizagem. 10. Ed. São Paulo: Ícone. 2006.

O envolvimento da família no processo de inclusão escolar na Educação Infantil: uma visão sobre as deficiências

Lara Gabrielle Schultz Souza
Philippe Drumond Vilas Boas Tavares

Família, o primeiro e mais importante agente socializador no desenvolvimento de uma criança. Mas, diante do acolhimento de um ser com deficiência muito se tem questionado. Como a vinda de uma criança com algum tipo de deficiência, torna-se um acontecimento traumático e um período de mudanças, dúvidas e confusões para quem as recebe. A atitude como cada família se dá com esse fato, influenciará definitivamente na construção da identidade individual da criança e em seu processo de aprendizagem escolar.

A família, sendo o primeiro grupo social em que a criança tem contato, cabe a ela, mudar hábitos e desconstruir paradigmas diante da real situação da criança, passando a ser compreendida como um indivíduo integral que possui as suas individualidades e peculiaridades e que necessitam ser trabalhadas.

A escola, tendo a sua função como agente transformador, deve construir meios para que a criança com deficiência seja incluída e abraçada pela comunidade escolar. É função da instituição dar o apoio necessário para a criança e também, para a família, pois os mesmos necessitam de instrução e orientação de como será, e de como poderá ajudará no processo de aprendizagem do seu filho.

Cabe à escola, mudar o seu currículo para adaptar-se à realidade dos alunos que atende, além do mais, deve promover cursos de capacitação, onde os educadores possam se aperfeiçoar para atender as demandas encontradas na sala de aula.

O primeiro contato da criança com a escola é na fase da Educação Infantil, etapa na qual é muito importante, pois proporciona momentos de socialização de crianças, além de desempenhar um papel fundamental no desenvolvimento humano, onde as atividades realizadas propiciam maior interação e maiores situações de aprendizagem.

O ingresso dessas crianças na Educação Infantil representa o primeiro contato das mesmas com novas descobertas em um ambiente que ainda é desconhecido para eles, e o processo de inclusão neste momento é de estrema importância, pois irão se deparar com múltiplos desafios em sua formação. Por isso, a parceria escola-família é de extrema importância para que os educandos se desenvolvam enquanto futuros cidadãos, preparando-os para estarem inseridos na sociedade. Bruno (2008, p. 57) afirma que a Educação Infantil torna-se um ambiente privilegiado para lidar com a diversidade, para assim, combater a situação de desigualdade e exclusão em que viviam as crianças com deficiência.

A Lei de Diretrizes e Bases da Educação Nacional (LDB), em seu artigo 29, Seção II, afirma que a Educação Infantil, sendo a primeira etapa da educação básica "tem como finalidade o desenvolvimento integral da criança até os cinco anos de idade, em seus aspectos físico, psicológico, intelectual e social, complementando a ação da família e da comunidade" (BRASIL, 1996, p. 14).

Essa citação acima destaca como é importante a participação ativa da família no desenvolvimento da aprendizagem do deficiente, e devem, junto com a escola, fornecer o cuidado e a educação especializada a essa criança.

A educação não é uma tarefa que a escola consegue realizar sozinha, sem o apoio da família. Sendo assim, entendemos que a família e a escola procuram atingir objetivos iguais, devendo elas então partilhar os mesmos ideais, para que possam superar dificuldades que angustiam os profissionais da escola e também os próprios alunos e suas famílias.

É importante que a família esteja engajada no processo de ensino-aprendizagem do seu filho, pois assim, o desempenho escolar da criança é sem dúvidas favorecido. Portanto, nos dias de hoje, tem-se examinado a precisão de estabelecer uma relação mútua entre a família e a escola, pois as mesmas devem trabalhar juntas para que a aprendizagem dos alunos, portadores de deficiência, se desenvolva com êxito.

Foi da problemática descrita acima que surgiu o interesse em pesquisar tal abordagem, pois a inclusão de crianças com necessidades especiais em escolas regulares é um assunto complexo e por essa razão, tem sido objeto de investigações acadêmicas.

Infelizmente, hoje em dia, muitas famílias transferem a responsabilidade da educação desses alunos para a escola, que por falta do apoio da família, não conseguem fazer um bom trabalho com esses alunos. Muitas vezes essa falta de apoio é porque ainda prevalece o preconceito, e diante dele, atrasa todo o desenvolvimento daquela criança que precisa de uma atenção especial.

Muitos ainda se preocupam em como será a aceitação da sociedade para com o filho deficiente, do que em como será a vida do seu filho sem essa aceitação, e dos atrasos que a não aceitação causa a criança. Se os próprios pais não se encontram dispostos para aceitar a deficiência do filho, o processo de inclusão será de muitas dificuldades, tanto por parte familiar, quanto escolar.

Mas, como tem sido realizado o trabalho entre família e escola para a efetivação da inclusão dessas crianças com deficiência?

Diante do exposto, este trabalho tem como objetivo geral analisar a importância da relação família e escola no tocante à efetivação da inclusão no processo de ensino e aprendizagem e inclusão das crianças com deficiência na fase da Educação Infantil. De forma específica, pretende-se apresentar os principais desafios do processo de inclusão da criança com deficiência na escola, bem como analisar a importância das relações entre família e a escola e abordar como a falta de preparo por parte dos agentes educativos pode fazer regredir o processo de inclusão escolar.

Este estudo se desenvolveu a partir da revisão de literatura e interpretação dos conteúdos obtidos com os resultados da pesquisa bibliográfica realizada com os descritores: Educação Inclusiva, Relação família-escola, e foram divididos em quatro subseções, são elas: 1) Breve caminho para a educação especial e inclusão escolar, subdividido pelo tópico 1.1) Educação inclusiva na etapa da Educação Infantil; 2) Processo de inclusão escolar; 3) Relação família-escola; 4) Falta de preparo das escolas para a efetivação da inclusão.

Como material suplementar, foi realizada a análise de 3 livros, quais sejam: "Inclusão: O que é? Por quê? Como fazer?" da autora Maria Tereza Eglér Mantoan, publicado pela editora Moderna no ano de 2003; o segundo livro abordado foi "Conversando sobre educação inclusiva com a família" do autor Emilio Figueira, publicado pela editora revista, no ano de 2014; e o terceiro livro "Educação Especial: tendências atuais" da autora Vera Lucia Flor Sénéchal de Goffredo, publicado pelo Ministério da Educação, no ano de 1999.

Breve caminho para a educação especial e inclusão escolar

Em tempos passados, pessoas que possuíam algum tipo de deficiência eram consideradas como pessoas fora dos padrões, abandonadas, subumanas, e a sociedade não aceitava o convívio e interação com os mesmos. Os pais que tinham filhos com deficiência eram julgados pela sociedade, como merecedores de um castigo, essas pessoas deviam viver isoladas, sendo considerados pelo resto da vida como incapazes, e muitas vezes viviam dependendo de caridades.

Com o passar do tempo, diversos povos de nações diferentes, passaram a praticar o assistencialismo e a promover a readaptação da pessoa com deficiência.

A partir da década de 1950 no Brasil, começou-se a falar sobre inclusão, Bueno (1993) afirma que, no Brasil esse processo de inclusão se deu através da criação do Imperial Instituto dos Meninos Cegos e o Instituto dos Surdos-Mudos. E com a criação desses institutos, os deficientes começaram a conquistar melhores atendimentos, inclusive na área da educação.

Outro marco para o surgimento da educação inclusiva, que fez com que esse movimento crescesse foi a fase que se caracterizou como Pós 2º guerra Mundial, pois, os que retornavam da guerra, muitos se tornaram deficientes, e uma vez reabilitados, eles poderiam voltar a produzir, e assim, foi surgindo cidadãos que eram defensores desses direitos. O mundo então começa a acreditar na capacidade das pessoas com algum tipo de deficiência.

Segundo Sassaki:

> É fundamental equiparmos as oportunidades para que todas as pessoas, incluindo portadoras de deficiência, possam ter acesso a todos os serviços, bens, ambientes construídos e ambientes naturais, em busca da realização de seus sonhos e objetivos (SASSAKI, 2002, p. 41).

Na década de 90, especificamente no ano de 1994, a educação inclusiva se torna algo de justiça social, tem-se então, a declaração de Salamanca, que se torna um marco e início da caminhada para a Educação Inclusiva. Através dela se reconhece a importância do envolvimento dos governos, dos grupos comunitários, de pais e das organizações de pessoas com deficiência na luta para se ter melhores condições para uma educação de qualidade. Onde:

> O princípio fundamental desta linha de Ação é de que as escolas devem acolher todas as crianças independentemente de suas condições físicas, intelectuais, sociais, emocionais, linguísticas ou outras. Devem acolher crianças com deficiência e crianças bem-dotadas, crianças que vivem nas ruas e que trabalham, crianças de minorias linguística, étnicas ou culturais e crianças de outros grupos ou zonas desfavoráveis ou marginalizadas (SALAMANCA, 1994, p. 19- 20).

Frente a tal declaração, muitos profissionais se mobilizaram para promover uma educação voltada para todos, examinaram as mudanças fundamentais e também políticas, que seriam necessárias para desenvolver a educação inclusiva, fazendo com que as escolas se capacitassem para atender todas as crianças, sobretudo, as com deficiência.

Podemos ressaltar que diante de tais argumentos, notamos que quando a igualdade de direitos aparece junto com o respeito às diferenças, vê-se a visão universalista, marcada na Declaração Universal dos Direitos Humanos de 1948, onde os alunos têm direitos iguais, independente de características, interesses e necessidades individuais, que são diferentes. E com a Declaração de Salamanca vem tornar claro que a escola, deverá oferecer serviços adequados para atender a todas as diversidades. Ainda sobre a Declaração de Salamanca:

> As escolas integradoras constituem um meio favorável à construção da igualdade de oportunidades da completa participação; mas, para ter êxito, requerem um esforço comum, não só dos professores e do pessoal restante da escola, mas também dos colegas, pais, famílias e voluntários. A reforma

das instituições sociais não só é uma tarefa técnica, mas também depende, antes de tudo, da convicção, do compromisso e da boa vontade de todos os indivíduos que integram a sociedade (SALAMANCA, 1994, p. 14).

A Constituição Brasileira, de 1988, no seu capítulo terceiro, no artigo 205, afirma que: A educação é direito de todos e dever do estado e da família. Em seu artigo 206 inciso I, vem retratando que um dos princípios para o ensino é "a igualdade de condições de acesso e permanência na escola. E em seu artigo 208, prevê: [...] atendimento educacional especializado aos portadores de deficiência, preferencialmente na rede regular de ensino. Vê-se neste contexto que a inclusão passa a ser em âmbito social como educacional, ou seja, a escola precisa estar preparada para receber o aluno deficiente, mas também a sociedade. E necessita estar pronta para melhor atender as especificidades dos alunos com deficiência em todos os níveis de ensino, desde a educação infantil até a universidade.

Outro documento importante para que as pessoas com necessidades educacionais tenham os seus direitos assegurados é a Declaração Mundial de Educação para Todos (1990) e tem por objetivo atender as necessidades básicas de aprendizagem de todas as crianças, jovens e adultos. Em seu Artigo 3º a Declaração trata da universalização do acesso à educação e do princípio de equidade. Especificamente em relação à educação dos alunos com deficiência, o documento diz:

> As necessidades básicas de aprendizagem das pessoas portadoras de deficiência requerem atenção especial. É preciso tomar medidas que garantam a igualdade de acesso à educação aos portadores de todo e qualquer tipo de deficiência, como parte do sistema educativo (BRASIL, 1990, p. 4).

Com esse aspecto, entende-se que uma sala não é homogênea e que cada criança irá desenvolver a sua aprendizagem em seu tempo e de maneiras distintas, o que avalia as distintas potencialidades, mantendo assim a responsabilidade da educação exclusivamente de alunos de educação especial, as escolas tem o dever de atender a todas as crianças independentemente de suas condições físicas, intelectuais, sociais, emocionais, linguísticas ou outras.

Sabe-se que os esforços realizados pelo processo de inclusão escolar de pessoas deficientes no Brasil é a resposta para uma situação que gerava a separação dessas pessoas e que limitava o seu pleno desenvolvimento. Até o início do século XXI, o sistema educacional brasileiro aceitava dois tipos de serviços: a escola regular e a escola especial, nisso ou o aluno frequentava uma, ou a outra. Agora, nosso sistema escolar alterou-se com o parecer inclusivo e um único tipo de escola foi adotado: a de ensino regular, na qual recebe e acolhe todos os tipos de alunos, apresenta maiores meios e recursos adequados a cada especificidade e oferece apoio especializado àqueles que se deparam com empecilhos para a realização da sua aprendizagem.

Educação inclusiva na etapa da Educação Infantil

Diante da trajetória da educação infantil e da educação especial e inclusiva é possível constatar pontos semelhantes. A educação infantil foi fortemente assinalada pelo cunho assistencialista e filantrópico, e por sua vez a educação especial foi marcada onde o poder público transpôs às instituições filantrópicas a carga pela efetivação da educação especial.

O atendimento as crianças de zero a seis anos no século XX fornecido por creches ou escolas maternais eram destinados às crianças desfavorecidas, cujo eram filhos de mães trabalhadoras. Estes locais ofereciam e realizavam os cuidados básicos para garantir a vida destas crianças.

Assim sendo, se a educação infantil em seu caminho histórico traz restolhos de um caráter compensatório, onde as crianças eram enxergadas pelas suas limitações enquanto seres imperfeitos, o mesmo podemos dizer sobre a educação especial, onde as propostas iniciais de assistência visavam corrigir falhas no indivíduo.

A Educação Infantil, sendo fase inicial da formação acadêmica de um indivíduo, representa o contato inicial das crianças com esse mundo cheio de novas descobertas, e a inclusão nesta etapa é de estrema importância, pois além dos desafios que essa criança apresentará ao iniciar a socialização, é preciso levar em consideração que esse é uma das primeiras ocasiões em que ficará longe dos olhares de sua família. Por se tratar de uma etapa importante para o desenvolvimento da criança, é na educação infantil que são identificadas algumas necessidades que poderão comprometer o processo de aprendizagem da criança (VYGOTSKY, 1998).

Diante da obrigatoriedade da matricula das crianças de 4 a 5 anos na educação infantil através da alteração feita na LDB (Lei de Diretrizes e Bases da Educação Nacional) por meio da Lei nº 12.796, de 4 de abril de 2013, foi apresentado que as escolas de Educação Infantil têm tido grande demanda de alunos, entre eles os que apresentam alguma deficiência e que infelizmente, muitas vezes não encontram na instituição escolar um ambiente que seja realmente inclusivo e que garanta uma educação de qualidade, onde se respeita as diferenças e o tempo de cada criança.

Existem vários elementos que atrapalham esse processo de inclusão, como por exemplo: escolas sem estrutura física, levando em consideração que deve ter a acessibilidade em ambientes inclusivos, a falta de professores capacitados, a dificuldade em obter um diagnóstico da deficiência que a criança apresenta, esses são alguns dos grandes problemas enfrentados no cotidiano enfrentados pelas instituições públicas

Quando nos referimos à Inclusão na Educação Infantil, o assunto fica mais complexo, já que muitas crianças que entram na Educação Infantil e apresentam alguma necessidade educacional especial não possuem um diagnóstico. Todavia, compete à escola promover essa inclusão, procurando estabelecer novas estratégias que promovam a aprendizagem, pois:

> A inclusão é um desafio, que ao ser devidamente enfrentado pela escola comum, provoca a melhoria na qualidade da educação básica e superior, pois para que os alunos com e em deficiência possam exercer o direito á educação em sua plenitude, é indispensável que essa escola aprimore suas práticas, a fim de atender as diferenças. (MONTOAN, 2007, p. 45).

Por isso, introduzir a inclusão na etapa da Educação Infantil é tão importante para que a criança com deficiência se adapte ao ambiente da escola e assim possa dar continuidade aos seus estudos em outras etapas da vida escolar sem maiores dificuldades. Para isso, gestores, educadores e toda a equipe pedagógica precisam estar engajados, dispostos e preparados para oferecer todo o suporte e atenção que as crianças precisam.

Para a criança deficiente, participar de um processo de inclusão é essencial para que ela tenha acesso a estratégias multidisciplinares, que irão ajudar no desenvolvimento da linguagem, das competências e das habilidades motoras, cognitivas e emocionais que são fundamentais para a sua formação.

Diante de tudo que já foi abordado, o que verdadeiramente importa é que essas crianças sejam reconhecidas como indivíduos que tem capacidades a serem desenvolvidas, à medida que sejam instigados da forma apropriada. Pois se desde a educação infantil eles forem estimulados, mais chances terão de serem inseridos na sociedade.

Processo de inclusão escolar

Compreende-se que todo ambiente escolar possibilita a aprendizagem e que ao adentrar nesse ambiente, o aluno então, expande sua visão de mundo, as vivências e as experiências, passando a ter mais possibilidades de conhecimento. Por este motivo a escola vem a contribuir positivamente na vida do aluno e futuro cidadão, e essa instituição é responsável por atender todo e qualquer tipo de diferença, propiciando então, o que se espera em relação à educação de qualidade para todos. Entretanto, hoje em dia a escola se encontra com um grande desafio que é a inclusão de alunos com deficiência e como será realizado o trabalho educacional para que a aprendizagem alcance todas as diferenças presentes na escola.

Uma obra que auxilia a compreender os aspectos que permeiam a educação inclusiva é: *"Inclusão: O que é? Por quê? Como fazer?"* da autora Maria Tereza Eglér Mantoan. A autora afirma que "a inclusão é o privilégio de conviver com as diferenças". Na escola, os educadores devem encontrar meios para que as diferenças não atrapalhem a harmonia e a aprendizagem daqueles que apresentam qualquer uma destas deficiências. A sala de aula deverá ser um ambiente de ação, que o levem efetivamente ao desenvolvimento humano, assegurando a esses alunos uma participação cidadã. A escola deverá promover um ambiente acolhedor, onde o reconhecimento e respeito sejam demonstrados.

Estimular a superação de certos limites pessoais, como a cooperação e a solidariedade, lembrando que cada um tem seu tempo e espaço. Tratá-los de uma maneira segura mostrando que as diferenças poderão ser superadas. Fazendo assim, o ambiente escolar será um lugar de amizade, solidariedade, respeito às características de cada um.

A educação inclusiva implica que todas as crianças contenham a mesma oportunidade de acesso, de permanência e de aproveitamento na escola, independente de qualquer característica diferenciada que as mesmas apresentem ou não.

Mas para que isso realmente aconteça, é fundamental que as crianças com deficiência tenham o apoio de que carecem. Contudo, o mais importante, é que a prática da Educação Inclusiva pressupõe que o professor, a família e toda a comunidade escolar encontrem-se convencidos de que eles são os principais responsáveis pelo sucesso dessas crianças e que eles devem buscar meios para que essa criança seja realmente incluída em seu ambiente escolar e também na sociedade.

Mantoan, no que diz respeito às barreiras enfrentadas pela educação, nos diz:

> Uma das maiores barreiras para se mudar a educação é a ausência de desafios, ou melhor, a neutralização de todos os desequilíbrios que eles podem provocar na nossa velha forma de ensinar. E, por incrível que pareça, essa neutralização vem do próprio sistema educacional que se propõe a se modificar, que está investindo na inovação, nas reformas do ensino para melhorar a sua qualidade (MANTOAN, 2003, p. 27).

Por isso, para que se concretize a inclusão é necessário superar muitos desafios, é preciso que haja uma reestruturação do currículo escolar e uma capacitação dos professores, para que esses saibam lidar de forma adequada com as diferenças encontradas na sala de aula, passando a contribuir de forma positiva e significativa em seu processo de ensino-aprendizagem, levando em consideração tudo o que o aluno já traz em sua bagagem de conhecimento.

Não adianta, contudo, permitir o acesso de todos às escolas, mudar os currículos, capacitar profissionais, sem garantir que o acesso para o prosseguimento da escolaridade dessa criança até o nível que cada um for capaz de atingir seja assegurado. É fundamental que essas crianças sejam estimuladas a prosseguirem com seus estudos, até mesmo ao ensino superior e é função das escolas manter a qualidade do ensino para essas crianças, realizando as necessárias adaptações para o seu melhor entendimento.

> Infelizmente, não estamos caminhando decisivamente na direção da inclusão, seja por falta de políticas públicas de educação apontadas para estes novos rumos, seja por outros motivos menos abrangentes, mas relevantes, como pressões corporativas, ignorância dos pais, acomodação dos professores (MANTOAN, 2003, p 31).

É visível que ainda se tem muito a construir para que a educação inclusiva evolua, e são necessárias muitas mudanças para que a escola seja realmente modificada, para que assim a nossa educação seja mais humana e democrática, levando em consideração as diferenças encontradas no nosso dia a dia em sala de aula.

As muitas diferenças presentes na educação inclusiva, não é um favorecimento a esse grupo de pessoas que possui deficiência. Mas, uma luta pela prática humanitária de todos nós. Se não conseguimos lidar com as diferenças que estão ao nosso redor, com certeza, perderemos uma grande oportunidade de caminhar rumo a nossa própria evolução.

> A escola real, ou seja, aquela que não queremos encarar coloca-nos, entre muitas outras, estas questões de base, que insisto em apontar: muda a escola ou mudam os alunos, para se ajustarem às suas velhas exigências? Ensino especializado para todas as crianças ou ensino especial para algumas? Professores que se aperfeiçoam para exercer suas funções, atendendo às peculiaridades de todos os alunos, ou professores especializados para ensinar aos que não aprendem e aos que não sabem ensinar? (MANTOAN, 2003, p. 31-32).

É preciso mudar a escola e ainda mais o ensino que ela ministra, pois é notório que uma escola aberta a todas as diferenças é o grande alvo para uma educação de qualidade, mas infelizmente, ainda é um grande desafio na sociedade em que vivemos. E para que a escola seja realmente transformada, é necessário mais do que a reestruturação do currículo e a adequação dos profissionais, é necessário também, recriar o modelo educativo escolar, tendo como alvo uma educação para todos, e como diz Mantoan (2003) "Ensinar a turma toda: sem exceções e exclusões."

> Para ensinar a turma toda, parte-se do fato de que os alunos sempre sabem alguma coisa, de que todo educando pode aprender, mas no tempo e do jeito que lhe é próprio. Além do mais, é fundamental que o professor nutra uma elevada expectativa em relação à capacidade de progredir dos alunos e que não desista nunca de buscar meios para ajudá-los a vencer os obstáculos escolares (MANTOAN, 2003, p. 38).

Recriar o modelo educativo nos diz respeito necessariamente ao que transmitimos aos alunos e a forma que os ensinamos para que se desenvolvam sendo seres éticos, justos e revolucionários. Já para se ensinar a turma toda devemos propor atividades diferenciadas, lúdicas, ou seja, atividades que possam ser trabalhadas por distintos níveis de conhecimento e de desempenho dos alunos, e em que não se evidencie os que sabem um pouco mais ou os que sabem um pouco menos. Mantoan (2003, p. 38) no que diz respeito a ensinar para a turma toda afirma que se deve "ensinar atendendo às diferenças dos alunos"

Um ponto crucial do ensinar a turma toda é reconhecer o outro em sua sabedoria e estimá-lo, de acordo com seus entendimentos e com as vivências do meio social em que ele está inserido. O professor deve dar ênfase às diversidades das opiniões dos alunos e diante disso, o docente tem o dever de abandonar crenças e condutas que rejeita ao aluno a capacidade de aprender a partir do que ele já sabe e chegar até onde ele próprio é capaz de avançar em seu aprendizado.

De fato, a escola prepara para o futuro se as crianças aprenderem a valorizar e conviver com e as diferenças nas salas de aulas, com certeza, eles serão adultos respeitosos, responsáveis e justos para a nossa sociedade, para que assim, o processo de inclusão continue se legitimando nas gerações que estão por vir.

Ainda no que diz respeito à efetivação da inclusão, Eric aponta que:

> A inclusão escolar de alunos com necessidades especiais só será bem sucedida se antes forem tomados e observados alguns significados: o professor regular deve acreditar que o aluno será bem sucedido, toda a escola deve estar convicta de aceitar e compartilhar a responsabilidade pela aprendizagem de estudantes com necessidades especiais e os profissionais de educação devem estar predispostos a trabalhar em colaboração com as salas de aula regulares (ERIC, 2002).

Percebe-se então, que ambos os autores citados discorrerem que para se efetivar a inclusão de pessoas deficientes na educação básica, o primeiro passo é tratar a criança deficiente como um ser humano como qualquer outro, mais que possui as suas individualidades e peculiaridades, onde deve-se observar e analisar os conhecimentos prévios que ele tem, e levar em consideração o tempo e as possibilidades de cada indivíduo, dentro das suas diferenças.

Importância da família no processo de inclusão

Uma obra que auxilia a compreender os aspectos que permeiam a importância da família no processo de inclusão é "Conversando sobre educação inclusiva com a família" do autor Emílio Figueira.

A família e a escola, bem como outras instituições, estão passando por muitas modificações ao longo da história. Essas mudanças interferem no desenvolvimento da criança na vida familiar e na vida escolar. Ao descobrirem que seu filho possui alguma deficiência, a família se depara com grandes barreiras a serem transpostas.

> Eu sei que quando um casal une-se pelo matrimônio é desejo de ambos a constituição de uma família. A cada gravidez, há uma nova expectativa: o sexo do bebê, a cor dos olhos, se vai ter a covinha como a do papai, se o cabelo vai ser parecido com o da mamãe... Enfim, são feitos projetos com relação ao filho que ainda vai nascer. Entretanto, muitas vezes há problemas que começam na própria maternidade ou logo após o nascimento (FIGUEIRA, 2014, p. 37).

Diante desses temores, a chegada de uma criança que tenha alguma limitação, vem fazer com que a família pense na dependência exclusiva da mesma nos seus cuidados, e o medo da não aceitação desta criança pela sociedade, tendo em vista que ainda hoje nos deparamos com diversos tipos de preconceitos, mesmo tendo resguardo sobre as leis vigentes. Esse preconceito é outro problema sério a ser enfrentado pela família e escola, para que a inclusão seja efetivada e as pessoas com deficiência possam usufruir de modo pleno seu direito à educação em espaços formais, como a escola. Para isso, faz-se necessário superar preconceitos e a ideia da deficiência como limitação, incapacidade ou inabilidade que impede totalmente a aprendizagem.

A família dará uma resposta a esse desafio diante das experiências já vividas, da situação econômica, das suas relações familiares, entre outras, que por sua vez irá determinar se esse desafio de criar, cuidar e educar essa criança tida como "diferente", será realmente enfrentado e efetivado.

Essas dificuldades demonstradas pelas famílias no cumprimento quanto ao seu papel social de educar, faz com que as famílias tenham dúvidas na formação destes como cidadãos participativos, dentro das suas limitações. Sobre estes sentimentos descritos, Figueira considera que:

> Ao receberem a notícia de ter um filho com algum tipo de deficiência, o problema das reações dos pais se dá porque as famílias não estão preparadas para receberem um membro fora dos padrões estabelecidos, principalmente porque recebem toda carga ideológica que reina no interior de nossa cultura (FIGUEIRA, 2014, p. 39).

Uma das principais causas que leva a família "esconder" a criança com deficiência é a superproteção, fator esse que prejudica na formação da criança, pois a educação que ela recebe em casa, com certeza refletirá em seu futuro. Essa superproteção é mais comum encontrada pelas mães, que por medo de seu filho sofrer frustrações, prefere dirigir toda a sua atenção para essa criança, esquecendo-se de todos a sua volta, até de si própria. Tampouco se importa com os prejuízos que estará acarretando no futuro do seu filho. Figueira (2014, p. 43) nos diz que "A criança superprotegida pela mãe pode desenvolver tipos de comportamento, como possessividade e egocentrismo, baixa tolerância à frustração, revolta ou apatia."

Os pais, com certeza desejam que essa criança, consiga alcançar tudo o que lhes for apresentado, mas a família sozinha, não conseguirá. O trabalho realizado em conjunto com a escola e outros meios sociais, desencadeará numa fantástica busca pela educação. O não desistir dos pais poderá ser acrescentado pelo acolhimento dessa criança no ambiente escolar. Fazendo assim, um trabalho de parceria.

Quando os pais não possuem esclarecimentos, não buscam ajuda e, portanto, não aceitam a deficiência do seu filho, o mesmo se torna um ser frustrado, marginalizado e sem autoestima. Pode-se dizer então, que a não aceitação dos pais atrapalha o desenvolver da criança, muitas vezes deixando a escola sem saber que atitudes tomar em relação a como promover métodos eficazes para o seu desenvolvimento. Essa negação da deficiência, é totalmente inconsciente, é um mecanismo de defesa que basicamente recusa-se a reconhecer o ocorrido. Agem simplesmente como se nada tivesse acontecido. Além da negação o sentimento de culpa também se faz presente:

> Surgem reações variadas: rejeição, simulação, segregação, superproteção, paternalismo exagerado ou até mesmo piedade, sentimentos naturais de medo, dor, desapontamento, culpa, vergonha, frustrações e uma sensação geral de incapacidade e impotência. Ter uma deficiência em nossa sociedade sempre adquire uma conotação negativa, gerando pensamentos do tipo "será que aquele membro dará sempre muito trabalho, viverá encostado à custa da família?", dentre tantos outros pensamentos (FIGUEIRA, 2014, p. 39).

Sabe-se que embora as dificuldades ocasionadas por algum tipo de deficiência sejam cansativas e complexas, é possível para o deficiente chegar até a idade adulta sem que ele e a família procurem e recebam a ajuda e orientação apropriada da sua deficiência. Figueira (2014, p. 40) afirma que "Talvez por problemas do dia a dia, sejam socioculturais ou mesmo uma falta maior de conhecimentos, os pais deixam de participar do desenvolvimento de seus filhos.

Diante do exposto, nota-se que a escola tem o dever de estar apoiando e alertando as famílias, fazendo com que a mesma compreenda os comportamentos e entendam que a parceria deve ser constante, levando assim a ter atitudes positivas em relação ao desenvolver do seu filho. É imprescindível saber que a responsabilidade principal por esta criança é dos pais, mas que tem o direito de conhecer todos os fatos que se referem a seu filho. A escola deverá manter um diálogo contínuo com a família, expondo assim as conquistas e também as dificuldades que é apresentado pelo aluno na escola.

O trabalho realizado em parceria com a família e escola, trará bons resultados para essa criança, pois o apoio dos pais ao dar continuidade em casa o trabalho realizado na escola, fará com que o desenvolvimento desse indivíduo seja mais prazeroso.

Silva e Mendes (2008) apresentam a importância da comunicação como um processo que ajuda a manter expectativas adequadas, respeito aos alunos e os familiares de forma amistosa, separando problemas pessoais da atividade profissional e incorporando no trabalho sugestões fornecidas pelos familiares, incentivando sua participação. De tal modo, pode-se concluir que a relação entre pais e professores é fundamental à medida que assumem seus papeis de forma a promover o respeito mútuo, comunicação, confiança, participação, e a seriedade no que diz respeito a construção da inclusão.

Pode-se observar nesse capítulo que ambos, a Escola quanto a Família tem um papel fundamental para que a inclusão destas crianças seja concretizada, pois estas duas comunidades sociais têm a função de educar essas crianças. A família ocupa um papel importante, na medida em que oferece apoio e recursos para que a criança consiga se assumir frente às situações e problemas que aparecem na escola e na vida cotidiana. E a escola, por sua vez, deve cumprir o seu papel de agente transformador na vida dessa criança, fazendo com que cada vez mais o ensino e aprendizagem da mesma, sejam de grande relevância para a sua vida.

Falta de preparo das escolas para a efetivação da inclusão

Receber um educando que possui deficiência na sala de aula não significa inclusão, pois há a necessidade do preparo do educador para conhecer o tipo de deficiência e como lidar com a mesma. O educador deve também se empenhar em conhecer a história de vida do seu educando, a relação com os seus familiares e vice-versa.

Mas não podemos exigir que o professor esteja completamente preparado, pois ainda à necessidade do envolvimento de gestores, da iniciativa pública e privada, de políticas públicas, de investimento na formação dos envolvidos, trabalho que não se restringe apenas aos professores, mas a todos, sem exceção.

A inclusão da pessoa com deficiência na escola regular está prevista em lei, mas persiste sendo um grande desafio na atualidade. Muitas escolas ainda não estão preparadas para se adaptarem a esses alunos e muitos professores não têm o treinamento adequado para promover essa inclusão. De acordo com Gofredo (1999):

> A escola, para que possa ser considerada um espaço inclusivo, precisa abandonar a condição de instituição burocrática, apenas cumpridora das normas estabelecidas pelos níveis centrais. Para tal, deve transformar-se num espaço de decisão, ajustando-se ao seu contexto real e respondendo aos desafios que se apresentam. O espaço escolar, hoje, tem de ser visto como espaço de todos e para todos (GOFFREDO, 1999, p. 45).

O processo de educar uma criança é muito desafiador. E essa dificuldade aumenta quando os professores não se preparam e não buscam se aperfeiçoar para atender alunos com diferentes aspectos. Goffredo (1999, p. 47) afirma que "o mais importante em todo esse processo é a necessidade da formação da consciência crítica do professor quanto à sua responsabilidade pela aprendizagem de seus alunos, sejam eles deficientes ou não." Para essas crianças, qualquer dificuldade ao aprender e ao relacionar-se com os seus colegas, traz atrasos para o seu desenvolvimento, influenciando em sua vida em vários aspectos. Então cabe ao professor ser o mediador em todos os processos relativos à formação escolar dessas crianças.

Nesse sentido, ainda é necessário que ocorra uma nova estrutura organizacional que possa preparar os professores e todos os outros profissionais da Instituição para que possam trabalhar com competências de forma integrada. Perante a legislação o sistema de ensino tem a responsabilidade e a autonomia para se preparar diante as necessidades apresentadas por seus alunos, sabemos que não é o aluno que precisa se adaptar à escola, mas é a escola que precisa adaptar-se a ele. Goffredo (1999, p. 47) no que diz respeito ao profissional da educação nos diz que ele "Precisa entender, também, que seus alunos desenvolvem meios diferentes de aprendizagem e, por isso, às vezes utilizam caminhos que o próprio professor desconhece."

Sabe-se que a escola inclusiva deve respeitar e valorizar todos os alunos, cada um com a sua individualidade. Deve-se considerar a deficiência de uma criança como somente mais uma das características distintas que os alunos podem ter. E, sendo assim, deve-se respeitar essas diferenças e buscar meios para encontrar formas apropriadas para que a transmissão do conhecimento seja efetivada e para avaliar o aproveitamento de cada aluno em sua formação.

A escola tem o dever de aceitar os alunos com deficiência e realizar as adaptações necessárias para que eles tenham seu direito à educação garantido. Realizar uma flexibilização no currículo de modo a favorecer a aprendizagem do aluno com deficiência também é papel e responsabilidade da escola e de todos os seus educadores.

Debater sobre a urgência da formação do professor para realizar o trabalho da inclusão é sem dúvida necessário, entretanto, não podemos deixar de ver como é a formação geral do professor, no qual deve estar sempre preparado para uma educação onde predomine a diversidade, para uma sociedade multicultural, capaz de ouvir, identificar as diferenças e respeitá-la. Diante disso, no cenário atual da educação, é de extrema importância a formação do professor para atuar nas diferenças presentes em sua sala de aula.

> É indispensável uma reforma na formação dos professores, que precisam aprender a identificar e atender às necessidades especiais de aprendizagem de todas as crianças, jovens e adultos portadores ou não de deficiência. Tanto na educação infantil quanto na educação fundamental, a meta principal é satisfazer as necessidades específicas de aprendizagem de cada criança, incentivando a criança a aprender e desenvolver seu potencial, a partir de sua realidade particular. Isso requer, por parte dos professores, maior sensibilidade e pensamento crítico a respeito de sua prática pedagógica. Esta prática pedagógica deve ter como objetivo a autonomia intelectual, moral e social de seus alunos (GOFFREDO, 1999, p. 68).

Para atuar no cotidiano na sala de aula, com educandos que tenham algum tipo de deficiência, é necessário que esse educador tenha a capacitação para saber intervir diante as relações e organizar os conteúdos de forma estratégica, para que estes educandos se apropriem de alguns conhecimentos sistematizados no qual são disponibilizados pela escola.

Mas para que um educador seja especialista no acolhimento da diversidade encontrada na sala de aula nos dias de hoje, é imprescindível um diálogo constante entre a teoria e a prática pedagógica na prática incessante de aprender a aprender. As pessoas com deficiência manifestam infinitas dificuldades ao adaptar-se às possibilidades de aprendizagem na escola, e no que diz respeito ao conjunto escolar, mostra-se despreparado para lidar com esse público.

Infelizmente, a compreensão dos limites da pessoa com deficiência, principalmente por parte do educador, ainda está por se firmar, pois a falta de preparo para trabalhar com essas crianças tidas como diferentes na sala de aula, tem provocado questionamentos diante da prática pedagógica que está sendo desenvolvida com estes sujeitos no dia a dia. O despreparo desses muitos professores dentro da rede regular de ensino tem rotulado a pessoa deficiente, ocultando os seus potenciais para aprender.

A inclusão dos educandos com deficiência nas escolas regulares de ensino está descrita nos documentos legais, no entanto, a educação inclusiva não se faz somente pela observância da lei que a reconhece e garante, mas para que a inclusão realmente ocorra, é necessária a modificação da postura profissional e da transformação dos sistemas educacionais. Isso implica trabalhar para e pela diversidade, reestruturar os princípios, metas e currículos das instituições dentro da visão inclusiva, dando assim a instrução necessária para todos os educandos, sejam eles classificados como "normais" ou "deficientes", para a integração e atuação na sociedade, desempenhando, portanto, a cidadania.

Diante de tudo que foi descrito sobre a falta de preparo das escolas para a efetivação da inclusão, Sanches e Teodoro ainda afirmam que:

> Numa escola inclusiva só pode existir uma educação inclusiva, uma educação em que a heterogeneidade do grupo não é mais um problema, mas um grande desafio à criatividade e ao profissionalismo dos profissionais da educação, gerando e gerindo mudanças de mentalidades, de políticas e de práticas educativas (SANCHES; TEODORO, 2006, p. 72).

Vê-se, portanto, que ambos os autores defendem que para que a inclusão seja efetivada na sociedade atual, é necessário a atuação de um professor que busque novos conhecimentos constantemente, para que assim as práticas educativas trabalhadas dentro da sala de aula sejam de grande valia para o ensino e aprendizagem das crianças que possuem algum tipo de deficiência.

Algumas considerações

O presente estudo surgiu de inquietudes próprias relativas à prática docente durante os estágios realizados em uma escola da rede privada. Infelizmente como sabemos muitas famílias ainda não se preocupam com o processo de inclusão de crianças deficientes e se esquecem dos prejuízos que isso acarreta no desenvolvimento dessa criança. Essas questões estão sendo constantemente presentes no cotidiano das escolas e é analisada como parte de um processo, portanto, está sempre em construção. Conforme foi advertido no transcorrer das leituras apresentadas nesta pesquisa, percebe-se que a inclusão contribui para o desenvolvimento dos educandos com deficiência em diferentes áreas da sua vida. Contudo, para que isso se concretize, algumas questões carecem ser repensadas em torno da temática "o envolvimento da família no processo de inclusão de alunos deficientes na educação infantil".

Destaca-se que as bibliografias utilizadas para o estudo e os documentos que ofereceram suporte a esta pesquisa foram de fundamental importância para que assim possamos entender tanto a prática quanto as dificuldades enfrentadas pelas famílias e pelas escolas no atendimento aos educandos com deficiência no processo inclusivo.

Percebe-se, deste modo, que a inclusão no que diz respeito às relações entre a escola e a família para a concretização do processo de inclusão é um caminho a ser enfrentado e que há diversos fatores que influenciam em sua efetivação, sendo os principais que emergiram na pesquisa aqui finalizada, o apoio por parte da família para uma boa relação com a escola, a preparação dos professores para o bom atendimento à pessoa com deficiência, onde os mesmos devem ter conhecimento da situação específica de cada um dos seus alunos com deficiência, tendo em vista que cada ser é único e que as mais distintas deficiências, possuem as suas características e que podem variar de pessoa para pessoa.

Consideramos também que é de extrema urgência uma maior dedicação e estudos por parte dos profissionais das instituições que recebem alunos com deficiência, para que assim possam atender às demandas da Educação Especial de forma assertiva e que a qualidade no ensino seja o passo principal para que as escolas se tornem realmente ambientes que prezem pela inclusão e não pela integração desses alunos.

Perante os resultados dessa pesquisa, vê-se a importância e a precisão de mais estudos nessa área. É preciso pesquisas que tenham o foco em realizar as análises necessárias no que diz respeito à participação da família na escola e da escola com a família, para que, assim, possam ser identificados os fatores que tornam o processo de inclusão realmente efetivo e que coopere para o bom desenvolvimento dos potenciais de cada indivíduo, de acordo com as individualidades de sua deficiência e dos estímulos que esses educandos recebem em seu contexto social, no ambiente familiar e escolar.

É necessária a compreensão de que a pesquisa aqui encerrada não se finda com o assunto, assim, deseja-se que novos pesquisadores possam prosseguir aprofundando a temática com as questões relacionadas à inclusão de alunos deficientes na etapa da educação infantil. Essa pesquisa tem a sua relevância social e, contribuirá na orientação e na formação de novos professores ao buscar indagações sobre como se dá e se efetiva o processo de inclusão e como a relação da família e escola é importante para o mesmo.

Finalizamos com a ideia de que como a aprendizagem não acontece de maneira igual para todos os educandos, a inclusão também não, por isso, a família e a escola devem focar nas potencialidades desses indivíduos e trabalhar para o bem-estar das mesmas. Pois além da criança ser favorecida diante desse processo, a família e a escola também se beneficiam; e diante disso toda comunidade ganha com esta parceria.

Referências

BRASIL. **Constituição da República Federativa do Brasil**. São Paulo: Atlas, 1988.

BRASIL. Lei nº 9.394, 20 de dezembro de 1996. **Estabelece as diretrizes e bases da educação nacional**. Diário Oficial da União, 23 dez. 1996. Seção 1, p.27833

Declaração de Salamanca. Sobre Princípios, Políticas e Práticas na Área das Necessidades Educativas Especiais. Brasília: UNESCO, 1994. Disponível em: <http://portal.mec.gov.br/seesp/arquivos/pdf/salamanca.pdf>. Acesso em: 10 de nov.2016.

BRASIL. **Declaração Mundial sobre Educação para Todos:** plano de ação para satisfazer as necessidades básicas de aprendizagem. UNESCO. Jomtiem/ Tailândia, 1990. Disponível em: <http://www.direitoshumanos.-usp.br/index. php/Direito-a-Educação-/declaracaomundial-sobre-educacao-para- todos. html>.

BRUNO, M.M.G. **A construção da escola inclusiva:** uma análise das políticas públicas e da prática pedagógica no contexto da educação infantil. Ambiente Educação, v.1, n.2, p.57, 2008.

BUENO, J. G. S. **Educação especial brasileira: integração/segregação do aluno diferente**. São Paulo: Educ, 1993.

ERIC Digest. **Including students with disabilities in general education classrooms.** ERIC Digest. Online: www.askeric.org/databases/ERIC_Digest/ ed358677.html

FIGUEIRA, Emílio. **Conversando Sobre Inclusão Escolar Com A Família**. 2ª. Edição revista. Emilio Figueira. – São Paulo : Edição do Autor/AgBook, 2014.

GOFFREDO, Vera Lúcia Flor Sénéchal. **Educação: Direito de Todos os Brasileiros**. In: Salto para o futuro: Educação Especial: Tendências atuais/ Secretaria de Educação a Distância. Brasília: Ministério da Educação, SEED, 1999.

MANTOAN, M. T. E. **Inclusão escolar: o que é? por quê? como fazer?** São Paulo: Moderna, 2003.

MANTOAN, Maria Teresa Eglér. **Educação inclusiva-Orientações pedagógicas**. In: FÁVERO, Eugênia Augusta Gonzaga. PANTOJA, Luísa de Marillac P. MANTOAN, Teresa Eglér (org.). Atendimento Educacional Especializado. – São Paulo: MEC/SEESP, 2007.

SANCHES, I. TEODORO, A. (2006). **Inclusão Escolar:** Conceitos, Perspectivas e Contributos. Revista Lusófona de Educação, 8, 63-83

SASSAKI, Romeu Kazumi. **Inclusão:** construindo uma sociedade para todos. 4 ed. Rio de Janeiro: WVA, 2002.

SILVA, A. M.; MENDES; E. G. **Família de crianças com deficiência e profissionais**: componentes da parceria colaborativa na escola. Revista Brasileira de Educação Especial, Marília, v.14, n. 2, p. 217-234, 2008.

VYGOTSKY, L. S. **Aprendizagem e desenvolvimento intelectual na idade escolar**. In: Vygotsky, L. S.; LURIA, A. R.; LEONTIEF, A. N. Linguagem, desenvolvimento e aprendizagem. Trad.: Maria da Penha Villa lobos. 6ª ed. São Paulo: Ícone, 1998. (Trabalho originalmente publicado em 1933).

A construção identitária do corpo gordo: uma reflexão sobre gordofobia

Karen Jécika Marcolino Ribeiro

Vivemos em uma sociedade embasada em padrões estéticos e regras, marcada pelo culto ao corpo, nos quais o aceitável está restrito a um único modelo. Em se tratando do corpo feminino, suas formas e aparência, o modelo é apresentado como a um produto, com descrições muito objetivas e determinantes. O corpo só é considerado "bonito" e aceitável se estiver alinhado aos padrões eurocentristas: magro, cabelos lisos e claros e pele branca. Desde a infância somos estimulados, principalmente por meio da publicidade, da indústria da moda e da mídia, em geral, a seguirmos os moldes acerca da beleza feminina. Crescemos em uma sociedade heteronormativa sofrendo pressões constantes de inúmeros discursos de adequação ao padrão hegemônico de beleza feminina.

Não se pode pensar o corpo apenas em um viés biológico, cada corpo é também uma história, um ato político. O corpo "é também a roupa e os acessórios que o adornam, as intervenções que nele se operam, a imagem que dele se produz, as máquinas que nele se acoplam" (GOELLNER, 2003, p. 29). Goellner afirma:

> O corpo é também o que dele se diz e aqui estou a afirmar que o corpo é construído, também, pela linguagem. Ou seja, a linguagem não apenas reflete o que existe. Ela própria cria o existente e, com relação ao corpo, a linguagem tem o poder de nomeá-lo, classificá-lo, definir-lhe normalidades e anormalidades, instituir, por exemplo, o que é considerado como corpo belo, jovem e saudável. Representações estas que não são universais nem mesmo fixas. São sempre temporárias, efêmeras, inconstantes e variam conforme o lugar/tempo

> onde este corpo circula, vive, se expressa, se pro-
> duz e é produzido. (Idem. Ibid: 29).

Desta forma, o objetivo deste artigo é refletir sobre a gordofobia, estigma, corpo e identidade. Trata-se de uma pesquisa exploratória bibliográfica, que tem como objetivo proporcionar maior familiaridade com o problema, com vistas a torná-lo mais explícito, segundo Gerhardt (2009, p. 69). Os autores ainda acrescentam que,

> a pesquisa bibliográfica é feita a partir do levanta-
> mento de referências teóricas já analisadas, e publi-
> cadas por meios escritos e eletrônicos, como livros,
> artigos científicos, páginas de web sites. Qualquer
> trabalho científico inicia-se com uma pesquisa bi-
> bliográfica, que permite ao pesquisador conhecer o
> que já se estudou sobre o assunto. Existem, porém,
> pesquisas científicas que se baseiam unicamente na
> pesquisa bibliográfica, procurando referências teóri-
> cas publicadas com o objetivo de recolher informa-
> ções ou conhecimentos prévios sobre o problema a
> respeito do qual se procura a resposta (FONSECA,
> 2002, p. 32, apud GERHARDT E SILVEIRA, 2009,
> p 37).

Entendemos que a gordofobia e o culto ao corpo sempre existiram, porém não com a mesma ênfase que percebemos nos dias atuais. Se analisarmos as pinturas anteriores ao século XIX, percebemos um retrato do corpo diferente do que vemos atualmente, com corpos volumosos e anafados. Nesta época, "a gordura foi sinônimo de saúde, beleza e sedução" (ANDRADE, 2003, p. 126). O corpo gordo era típico das classes mais abastadas, associadas ao poder financeiro ou político. No início do século XIX, os padrões estéticos começam a se alterar deixando de lado a gordura, como padrão estético, e dando lugar a magreza como ideal socialmente aceito. A obesidade torna-se uma referência do passado. Pesquisas científicas passam a decretar, já no século XX, a obesidade como opositora da saúde, definida pela Organização Mundial da Saúde, como doença. Lupton (2000, p. 24) diz que a obesidade passa a ser vista como um sinal tangível de falta de controle, impulsividade, auto-indulgência, enquanto que o corpo magro é um testemunho do poder da autodisciplina, um exemplo do domínio da mente sobre o corpo e de um virtuoso sacrifício.

Importante considerar que, hoje, a obesidade também está associada a questões psicológicas como frustração, falta de motivação, ansiedade, pressões de diversas ordens. De acordo com Schlindwein (2007), o número de pessoas que consomem alimentos processados cresce a cada dia devido a fatores como a facilidade de acesso a comida pronta, modos de vida adequados a pesadas cargas horárias de trabalhos e o estímulo ao consumo estão entre as principais causas. Thornton et al. (2012) apud Kubota (2014) estudaram que as exposições de com salgadinhos, em gôndolas de supermercados podem levar o consumidor a comprar por impulso. Schlindwein (2007) afirmam que a forma como os alimentos processados estão expostos em gôndolas de supermercados levam as pessoas, facilmente, ao vício e às compras impulsivas de alimentos processados. Portanto, a obesidade atualmente está associada aos modos de vida condicionados pelo sistema em que vivemos.

Paralelo a isso, a sociedade impõe padrões de beleza e aceitação através dos meios de comunicação em massa que criam conflitos internos e externos. Segundo Sibilia (2010, p. 201) apud Santos (2017, p.4),

> Estaríamos vivendo, portanto, o imperativo da boa forma, no qual predominam rígidos padrões estéticos que determinam a necessidade de uma devoção impetuosa na busca pelo corpo perfeito. O necessário efeito colateral desta moral que enaltece os corpos magros é a abjeção aos corpos flácidos: a chamada lipofobia, ou gordofobia

– a aversão estética e censura moral aos aspectos físicos e comportamentais associados à gordura.

A partir dessa situação, surge o estigma, que emerge a partir da aparência corporal diferente daquela que é socialmente aceita e pode se manifestar de várias formas, resultando em situações de violência física ou simbólica, conforme Cortez (2018). Os autores ainda apontam que, no convívio com pessoas diferentes, o estigma da obesidade contribui para que obesos se sintam muito deprimidos e com baixa autoestima. A partir da não aceitação de si mesmo, complicam-se as questões acerca da compulsão alimentar, pouca disposição para exercícios físicos e baixo rendimento escolar, podendo se desdobrar até em comportamentos suicidas. Esse estigma está associado a outros. Na maioria das vezes, os obesos são rotulados como preguiçosos e relaxados, todavia, há de se considerar também as questões genéticas, por isso nem sempre um corpo gordo significa um corpo doente.

Frequentemente, deparamo-nos com situações onde o estigma se desdobra em tensões que podem envolver agressões verbais e físicas, principalmente, entre crianças envolvendo o corpo gordo, não aceito. Estudos recentes evidenciam que apelidos ofensivos, xingamentos, beliscões e empurrões, entre outros tipos de agressões podem deixar cicatrizes emocionais irreparáveis no decorrer da vida da vítima de gordofobia. Segundo Fante (2005), as crianças que sofrem podem aparentar diversas dificuldades ao longo da vida, mostrando ter insegurança, dificuldade para fazer novas amizades, se relacionar no trabalho, assim como nos aspectos do dia-a-dia, deixando traumas psicológicos profundos.

O termo 'gordofobia', em linhas gerais, significa aversão à gordura. Uma aversão que se manifesta, por um lado, no verdadeiro pavor que os sujeitos contemporâneos possuem de engordar e, por outro, no desprezo direcionado às pessoas consideradas gordas, conforme explica Sanchotene (2018). A cada ano, vem surgindo mais dados alarmantes sobre o *bullying* e a gordofobia dentro deste contexto. Segundo Sanchotene (2018), pesquisas feitas no Google, entre os anos de 2009 até o ano de 2017, apontam um aumento de interesse significativo sobre o tema gordofobia.

De acordo com Sanchotene (2018), nem todos os corpos gordos são doentes. As autoras trazem uma reflexão baseada em Foucault (1988) apontando que, aos olhos da sociedade o gordo parece ser o novo "anormal", passa a ocupar o lugar dado ao homossexual, que eram vistos como perigo social. A palavra "gordo" ainda é comumente utilizada de forma pejorativa, a fim de humilhar, criticar, insultar o outro.

As estatísticas sobre *bullying* são perturbadoras. Em uma pesquisa nacional recente com alunos da sexta série com sobrepeso, 24% dos meninos e 30% das meninas sofreram provocações diárias, intimidação ou rejeição por causa de seu tamanho. O número dobra para estudantes com excesso de peso no novo ensino médio, com 58% dos meninos e 63% das meninas sofrendo provocações, intimidações ou rejeições diárias devido ao seu tamanho (JOANN STEVELOS, 2011).[1]

Segundo Loureiro (2017), estudos indicam que, apesar dos esforços de conscientização, atitudes preconceituosas explícitas contra gordos aumentaram consideravelmente entre 2001 e 2010. Ainda é mais comum, no entanto, que o preconceito aparece travestido de elogio ou preocupação. Loureiro (2017) relata que os discursos ainda estão impregnados de falas ofensivas, por exemplo: "Como tem coragem de usar biquíni estando tão gorda?" "Você tem o rosto tão bonito, por que não emagrece?" "Gordo só faz gordice".

A partir de Hall, apud Cortez (2018, p. 4),

> compreendemos que as identidades são produzidas social e historicamente, assim a identidade do corpo magro não é uma verdade absoluta, ela é umas

---

[1] Fonte: https://ultimosegundo.ig.com.br/educacao/brasil-tem-23-dos-estudantes-acima-do-peso-aponta-ibge/n1237761765138.html

das inúmeras possibilidades que o corpo pode assumir. Compreendemos ainda que a identidade do corpo magro só existe a partir da produção da sua diferença, que é o corpo gordo. De maneira que essas identidades são dependentes. O grande problema é a hierarquização dessas identidades que coloca o corpo magro em um patamar superior, marginalizando o corpo gordo.

Cortez (2018) afirma que é de suma importância compreender coletivamente que o nosso corpo, o corpo gordo, é uma probabilidade de existência.

Numa perspectiva pós-identitária dos corpos, compreendemos que na contemporaneidade podem existir uma diversidade de corpos, e não apenas o corpo magro como é imposto, compreendemos ainda que cada corpo é diferente um do outro "assim como a identidade depende da diferença, a diferença depende da identidade. Identidade e diferença são inseparáveis" (SILVA, 2000 p.75).

Na contramão do estigma e da gordofobia algumas iniciativas buscam valorizar o corpo gordo, principalmente o feminino, como estratégia de empoderamento feminino e luta contra a gordofobia. É o caso do Projeto Vitrine GG como relata Cortez (2018, p. 2):

> O Projeto Vitrine GG reúne cerca de 36 garotas, foi criado em meados de junho de 2018 e tem por objetivo promover ações educativas e culturais com/para/entre mulheres gordas no intuito despertar a autoestima e o empoderamento. Por meio de atividades diversificadas como "piqueniques", rodas de conversa, sessão de fotos para modelos plus size, práticas de danças e palestras, o projeto pioneiro na cidade de Parnaíba-PI tem conseguido levantar importantes reflexões sobre o corpo feminino gordo.

A iniciativa cria um movimento de valorização e aceitação entre mulheres gordas ecoando a sororidade[2].

> A partir do conceito de sororidade, estamos chamando de *gordoridade* a práticas educativas de cuidado e empoderamento realizadas entre mulheres gordas com o objetivo de lutar contra o padrão estético magro imposto socialmente, que estão sendo desenvolvidas no Projeto Vitrine GG. (CORTEZ, 2018, p. 2)

Outras iniciativas de desconstrução de percepções gordofóbicas são percebidas, principalmente, com o advento das redes sociais. Um tímido movimento no campo da publicidade, na indústria da moda e da beleza, começa a ser percebido no sentido de expressar a diversidade nas formas humanas. Todavia, faz-se necessário aprofundar as reflexões e provocações acerca da construção identitária do corpo gordo, por meio da reaprendizagem de si e do próprio corpo, conforme afirma Cortez (2018).

> A *gordoridade*, solidariedade entre mulheres gordas, é um importante dispositivo de enfrentamento das violências sofridas por mulheres gordas em razão do padrão do corpo magro e definido. É salutar a criação de espaço onde as mulheres gordas possam falar e ser ouvidas, possam trocar suas experiências para que a partir da empatia possam despertar a autoestima em relação ao seu próprio corpo. (CORTEZ, 2018, p. 6)

O discurso que trata de corpo e saúde não pode estar descolado de uma reflexão que envolva sua identidade, sua historicidade e seu poder político. Falar de gordofobia inibe o preconceito, enaltecer a diferença a partir da valorização do sujeito para superar paradigmas estabelecidos parece ser tarefa árdua, mas possível, para uma mudança efetiva de percepção que transcenda o amor próprio e se consolide como transformação social.

---

[2] Ana Penkala (2014), o termo sororidade não possui tradução exata no português, na língua inglesa, soror é um termo usado como "irmã" entre religiosas, assim sororidade poderia ser traduzida como "irmandade".

Referências

ANDRADE, S. Saúde e beleza do corpo feminino: algumas representações no Brasil do século XX. **Movimento**, Porto Alegre, v.9, n.1, p.119-143, 2003. Disponível em: https://seer.ufrgs.br/Movimento/article/viewFile/2665/1298. Acesso em: 09 fev. 2019.

BRASIL. Lei nº 13.185. **Programa de Combate à Intimidação Sistemática (Bullying)**. 6 de Novembro de 2015.

CORTEZ, Luana Santos Aragão; SOUZA, Carliane de Jesus; NASCIMENTO, Romário Ráwlyson Pereira do Nascimento. **Corpo e Educação: Enfrentando a Gordofobia de Forma Educativa por Mulheres do Projeto Vitrine Gg de Parnaíba - PI**. V CONEDU - Congresso Nacional de Educação. Olinda, 2018. Disponível em: http://www.editorarealize.com.br/revistas/conedu/trabalhos/TRABALHO_EV117_MD4_SA5_ID760_17092018134218.pdf. Acesso em: 30 set. 2019.

FANTE, C. A. Z. **Fenômeno Bullying: como prevenir a violência nas escolas e educar para a paz.** Campinas: Versus, 2005.

GERHARDT, Tatiana Engel; SILVEIRA, Denise Tolfo [organização]. **Métodos de Pesquisa.** Porto Alegre: Editora da UFRGS, 2009.

GOELLNER, Silvana Vilodre. "A produção cultural do corpo." In: LOURO, Guacira Lopes; NECKEL, Jane Felipe; GOELLNER, Silvana Vilodre. (Orgs.) **Corpo gênero e sexualidade**: um debate contemporâneo. Petrópolis, Vozes, 2003.

KUBOTA, Luis Claudio. **Discriminação contra os estudantes obesos e os muito magros nas escolas brasileiras**. ISSN 1415-4765. Texto para discussão / Instituto de Pesquisa Econômica Aplicada. Brasília: Rio de Janeiro: Ipea, 2014. Disponível em: http://repositorio.ipea.gov.br/bitstream/11058/2643/1/TD_1928.pdf. Acesso em: 30 ago. 2019.

LUPTON, Deborah. **Corpos, prazeres e práticas do eu. Educação e Realidade.** Educação e Realidade, Porto Alegre, v. 25, n. 2, p. 15-48, jul./dez. 2000. Disponível em: https://seer.ufrgs.br/educacaoerealidade/article/view/46831/29115. Acesso em: 06 jun. 2019.

LOUREIRO, Gabriela. **Gordofobia: por que esse preconceito é mais grave do que você pensa.** Revista Galileu, 03 mai. 2017. Disponível em: https://revistagalileu.globo.com/Revista/noticia/2017/05/gordofobia-por-que-esse-preconceito-e-mais-grave-do-que-voce-pensa.html. Acesso em: 28 set. 2019.

PENKALA, Ana. **A mulher é o novo preto**: pensando identidades a partir das representações arquetípicas de gênero na série Orange is the new black.Trabalho apresentado IV SIGAM – Simpósio Internacional Gênero, Arte e Memória em novembro de 2014. Disponível em: < https://wp.ufpel.edu.br/paralelo31/files/2015/03/13dossie04 artigopenkala.pdf. > Acesso em 10 de setembro de 2019.

SCHLINDWEIN, M. M.; KASSOUF, A. L. **Influência do custo de oportunidade do tempo da Mulher sobre o padrão de consumo alimentar no Brasil.** Pesquisa e Planejamento econômico, Rio de Janeiro, v.37, n.3, p. 489-520, dez. 2007.

SANCHOTENE, N.; SANTOS, A. **"Gorda, sim! Maravilhosa, também!"**: Corpo, desejo e autenticidade em testemunhos de vítimas de gordofobia no YouTube. Lumina, v. 12, n. 2, p. 99-117, 30 ago. 2018.

Reconstrução de atividades: ressignificando a Educação Física na Educação Básica

Giselle V. Benzaquen D´Assumpção
Julieli Malini Vargas

Introdução

Não é pouco comum em visitas a escolas de norte a sul do Brasil encontrar no desenvolvimento da prática da Educação Física escolar uma distorção do ponto de vista dos objetivos aos quais se destinam o componente curricular. Facilmente reduzida ao espectro do esporte e, frequentemente, aos mais culturalmente difundidos: futebol, voleibol, basquetebol e handball. É também possível observar que o reducionismo não se restringe às modalidades esportivas, mas também com relação à compreensão da importância da Educação Física, em muitas vezes considerada "extensão do recreio", "aula vaga" ou tempo recreativo.

Muito embora as aprendizagens desenvolvidas no tempo-espaço destinado à Educação Física possam ser realizadas de forma também divertida, o objetivo maior é o desenvolvimento das habilidades tão essenciais à prática da cultura corporal, requerendo planejamento estruturado por parte do professor e participação ativa dos alunos nesse processo.

Desta forma, o presente artigo se propõe a discutir a compreensão mais ampla da Educação Física no contexto escolar e como as estratégias de reconstrução de atividades colaboram para desenvolver as oito dimensões do conhecimento para a área listadas nas Base Nacional Comum Curricular e como a abordagem sóciointeracionista de Vygotsky associada às estratégias de engajamento propostas por Perronoud colaboram para ressignificar a prática da Educação Física na educação brasileira.

Educação Física para além do esporte

A Educação Física se tornou obrigatória em todas as etapas da educação básica em 1996, quando da homologação da Lei de Diretrizes e Bases da Educação – LDB. Em seu artigo 26º, parágrafo 3º, a LDB dispõe acerca de casos muito específicos onde é facultada ao aluno a participação nas aulas. São esses:

> § 3º A educação física, integrada à proposta pedagógica da escola, é componente curricular obrigatório da educação básica, sendo sua prática facultativa ao aluno:
>
> I – que cumpra jornada de trabalho igual ou superior a seis horas;
>
> II – maior de trinta anos de idade;
>
> III – que estiver prestando serviço militar inicial ou que, em situação similar, estiver obrigado à prática da educação física;
>
> IV – amparado pelo Decreto-Lei no 1.044, de 21 de outubro de 1969;
>
> V – (VETADO) (Incluído pela Lei nº 10.793, de 1º.12.2003)
>
> VI – que tenha prole (BRASIL, 1996).

Desta forma, crianças e adolescentes regularmente matriculados em escolas das redes públicas ou particulares de todo o Brasil, precisam participar das atividades que, por sua vez, devem ser integradas à proposta pedagógica da escola. Segundo os Parâmetros Curriculares Nacionais – PCN´s (1998), a meta principal da Educação Física na escola deve ser a

> inclusão do aluno na **cultura corporal de movimento**, por meio da participação e reflexão concretas e efetivas. Busca-se reverter o quadro

histórico da área de seleção entre indivíduos aptos e inaptos para as práticas corporais, resultante da valorização exacerbada do desempenho e da eficiência (Brasil, 1998, p. 19).

Esse objetivo da Educação Física trazido pelos PCN´s amplia o olhar sobre a área de que não há relação apenas com os esportes e atividades físicas, mas, sobretudo, a torna um componente curricular que integra crianças e adolescentes à cultura corporal, de forma a produzi-la e transformá-la a fim de desenvolver uma cidadania crítica em busca de uma qualidade de vida. Também há de se considerar que o corpo não pode ser desassociado da mente e, por conseguinte, da emoção que é trazida à tona a partir dos gestos, sendo então considerada uma das linguagens do mundo interior (eu) com o mundo exterior (tudo que nos cerca). Por isso, entender a expressão corporal como instrumento de linguagem é importante para situar a Educação Física com ampla relevância dentro do contexto da Educação Básica.

A Base Nacional Comum Curricular – BNCC (2017) traz esse olhar permeado em seu texto, sendo que para a Educação Infantil, embora não haja um apontamento específico e estratificado dentro da área, direciona aprendizagens essenciais relacionadas ao corpo para crianças desta etapa, nos seguintes campos de experiência:

"O eu, o outro e o nós"	(EI01EO02) Perceber as possibilidades e os limites de seu corpo nas brincadeiras e interações das quais participa. (EI03EO05) Demonstrar valorização das características de seu corpo e respeitar as características dos outros (crianças e adultos) com os quais convive.
"Corpo, gestos e movimentos	(EI01CG01) Movimentar as partes do corpo para exprimir corporalmente emoções, necessidades e desejos. (EI03CG01) Criar com o corpo formas diversificadas de expressão de sentimentos, sensações e emoções, tanto nas situações do cotidiano quanto em brincadeiras, dança, teatro, música. (EI02CG02) Deslocar seu corpo no espaço, orientando-se por noções como em frente, atrás, no alto, embaixo, dentro, fora etc., ao se envolver em brincadeiras e atividades de diferentes naturezas. (EI02CG03) Explorar formas de deslocamento no espaço (pular, saltar, dançar), combinando movimentos e seguindo orientações. (EI03CG03) Criar movimentos, gestos, olhares e mímicas em brincadeiras, jogos e atividades artísticas como dança, teatro e música. (EI01CG05) Utilizar os movimentos de preensão, encaixe e lançamento, ampliando suas possibilidades de manuseio de diferentes materiais e objetos. (EI02CG05) Desenvolver progressivamente as habilidades manuais, adquirindo controle para desenhar, pintar, rasgar, folhear, entre outros.
"Traços, sons, cores e formas"	(EI01ET06) Vivenciar diferentes ritmos, velocidades e fluxos nas interações e brincadeiras (em danças, balanços, escorregadores etc.).

Já para o Ensino Fundamental e Médio, a Educação Física, incorporada à área de Linguagens aparece tematizando as práticas corporais em suas diversas representações de codificação e significação social, sendo essa codificação e significação "entendidas como manifestações das possibilidades expressivas dos sujeitos, produzidas por diversos grupos sociais no decorrer da história" (BNCC, 2018, p. 213). Organizada em unidades temáticas, a BNCC delimita as habilidades da Educação Física, privilegiando oito dimensões do conhecimento, a saber:

- **Experimentação:** vivência das práticas corporais;

- **Uso e apropriação:** realizar de forma autônoma uma determinada prática corporal;

- **Fruição:** apreciação estética das diversas práticas oriundas de outras épocas, lugares e grupos;

- **Reflexão sobre a ação:** utilizar estratégias de observação e análise para a) resolver desafios relacionados à prática; b) aprender outra modalidade e c) adequar a prática aos interesses próprios e de outros;

- **Construção de valores:** discussões e vivência no contexto da tematização das práticas que promovam valores relacionados à cidadania;

- **Análise:** "conhecimentos como a classificação dos esportes, os sistemas táticos de uma modalidade, o efeito de determinado exercício físico no desenvolvimento de uma capacidade física, entre outros".

- **Compreensão:** relacionado à dimensão da "análise", permite ao aluno compreender o contexto sociocultural das práticas corporais;

- **Protagonismo comunitário:** permite ao aluno participar de forma autoral para democratizar o acesso das pessoas às práticas corporais.

Dentro dessas dimensões do conhecimento, tendo em vista a maturidade das crianças, é onde se insere a reconstrução das atividades por parte dos alunos. Lançar mão dessa estratégia contribui diretamente para que os seguintes desafios sejam transpostos dentro das escolas:

a) Participação efetiva dos alunos, colocando-os como de fato protagonistas de seu desenvolvimento;

b) Reconhecimento, por parte de alunos e gestão da escola, da relevância da Educação Física tal qual os demais componentes curriculares;

c) Ampliar a oportunidade de os alunos criarem atividades que possam desenvolver criatividade e inovação a partir de práticas já disseminadas.

Se considerarmos ainda a abordagem sóciointeracionista de Vygotysky que defende o processo histórico-social e o papel da linguagem no desenvolvimento dos indivíduos, incorporar nas aulas de Educação Física estratégias de reconstrução de atividades proporciona aos alunos a construção de conhecimentos a partir da interação com o outro, nesse caso, seus colegas aprendizes. Leite e Vargas (2011) colaboram para os aspectos aqui abordados quando sinalizam que a questão central de Vygostysky:

> (...) é a aquisição de conhecimentos pela interação do sujeito com o meio. Para o teórico, o sujeito é interativo, pois adquire conhecimentos a partir de relações intra e interpessoais e de troca com o meio, a partir de um processo denominado mediação.
>
> Para tanto, é necessário estabelecer os aspectos que serão considerados da abordagem construtivista de forma a nos aproximarmos da proposta sociointeracionista.
>
> Partindo do ponto em que a construção de jogos nas aulas de educação física dependem da interação

entre aluno-aluno e professor-aluno para acontecer, além da relação de ambos os grupos com suas experiências sociais extra escolares acreditamos que a proposta de Vygotsky (2001) aproxima-se da discussão que esta pesquisa buscou despertar" (LEITE e VARGAS, 2011, p.14).

É provável que muitos docentes ao chegar até aqui se deparem com uma inquietação sobre as dinâmicas cotidianas de como promover a participação ativa dos alunos nas aulas. Perrenoud traz os seguintes pilares que são norteadores para engajar estudantes, especialmente adolescentes, em atividades de desenvolvimento. Embora o autor fale de maneira ampla, para todas as áreas da prática educacional, aqui iremos tratar a partir da perspectiva da Educação Física.

Propostas de construção e reconstrução de atividades

Estratégias para engajamento

A adoção de estratégias de construção e reconstrução de atividades para o desenvolvimento da Educação Física deve-se apoiar em parâmetros de engajamento adotados para diversas áreas do conhecimento, pois diz sobre a aprendizagem, independente da área.

Segundo Perroud (2000), apesar de haver diversos componentes, mas todos culminam em quatro tópicos primordiais:

1. Suscitar o desejo de aprender, explicitar a relação com o saber, o sentido do trabalho escolar e desenvolver na criança a capacidade de autoavaliação.

2. Instituir e fazer funcionar um conselho de alunos (conselho de classe ou da escola) e negociar com eles diversos tipos de regras e de contratos.

3. Oferecer atividades opcionais de formação, à escolha.

4. Favorecer a definição de um projeto pessoal do aluno.

Para fins das atividades aqui sugeridas, o tópico sobre o conselho de alunos (classe ou escola) será tratado no âmbito do componente curricular, de forma a tornar a aplicação mais ágil e focada nos objetivos de aprendizagem do ano/série envolvido. Os demais tópicos propostos por Perrenoud podem permanecer tal qual descritos pelo autor.

Reconstruindo atividades

Ao se pensar em uma aula, ou sequência didática, o professor precisar estipular quais são os objetivos de aprendizagem esperados. Feito isso, lançar mão de alcançar os objetivos a partir da construção e reconstrução passa a ser uma estratégia didática diferenciada, já que leva em consideração os interesses e conhecimentos dos alunos.

A estrutura sugerida para a reconstrução das atividades, seja elas baseadas em qualquer modalidade de jogos, deve ser dividida em dois momentos:

Momento 01 – Levantamento e alinhamento

Nesse momento, o professor deverá apresentar o tema e fazer o levantamento dos conhecimentos prévios dos alunos. A medida que as respostas forem sendo trazidas, o professor deve mediar a fim de alinhar os entendimentos no sentido da compreensão dos fundamentos do jogo tradicional.

Momento 02 – Parte prática

Na parte prática, os alunos devem praticar normalmente o jogo tradicional de forma que o professor possa avaliar e diagnosticar a consciência corporal dos participantes. Esse diagnóstico é importante para que o professor possa mediar as construções futuras do aluno, afim de que as atividades propostas estejam de acordo com os níveis de habilidades motoras.

Esse momento é importante, mas requer atenção, uma vez que a intervenção do professor nas propostas dos alunos deve ocorrer apenas quando a atividade sugerida esteja superdimensionada à capacidade dos participantes.

Momento 03 – Jogo reconstruído

Chegou a hora dos alunos reconstruírem o jogo tradicional. Nesta fase do desenvolvimento da aprendizagem, o professor deverá estimular nos alunos alternativas para o jogo em questão. Normalmente, os grupos de alunos apresentam propostas divididas em dois eixos:

a) Facilitar a prática – tática utilizada por alunos que têm menor grau de habilidade motora. Nesse sentido, inclui-se também habilidades sócioemocionais e competências transversais tais como autoconfiança, autonomia, criticidade, comunicação e outras.

b) Dificultar a prática – tática utilizada por alunos que têm maior nível de habilidade motora.

É importante que o professor promova reflexões de forma que haja uma moderação desses eixos a fim de permitir a participação ativa de todos.

Momento 04 – Táticas para o jogo reconstruído

Após a discussão das mudanças propostas no jogo, o momento da criação das táticas é quando o jogo reconstruído começa a tomar forma. Nesta hora, é preciso que o professor traga a estrutura básica das táticas que precisarão produzir, de forma a sistematizar as ideias de maneira objetiva.

As táticas devem ser organizadas da seguinte forma:

- **Tática de grupo:** definição de quantas pessoas devem participar, quais os papéis de cada participante. As táticas de grupos precisam considerar os diversos níveis de habilidade motora.

- **Tática de espaço:** definição da disposição dos participantes nos espaços a serem percorridos. Nesse momento, o professor deve intervir no sentido de modificar o espaço do jogo tradicional, para que a experiência seja outra.

- **Táticas ofensivas e defensivas:** considerado o ponto mais interessante e é onde o professor tem menor intervenção, uma vez que seu papel é desenvolver a autonomia e a criticidade dos alunos. Nesse momento, os alunos deverão criar estratégias de defesa e de ataque para chegar ao objetivo do jogo.

Momento 05 – Análise reflexiva

Partindo do pressuposto de que toda aprendizagem para se consolidar requer reflexão sobre as práticas vivenciadas, esse momento sugere-se que aconteça em uma roda de conversa, de forma que os alunos possam dizer sobre o que funcionou e o que não funcionou na proposta do jogo reconstruído, o que deve ser modificado, dando continuidade ao processo de reconstrução de atividades ao longo do tempo. Isso posto, entende-se que esse processo é contínuo, não sendo exigido que haja uma finalização a partir de um espaço temporal, podendo as atividades acompanharem os alunos em suas progressões de habilidades, em um *continuum* até o final de sua vida escolar.

Havendo necessidade de avaliação para composição de notas, seguindo determinação da escola, as valorações devem ser atribuídas conforme os objetivos de aprendizagem definidos no planejamento do professor, de acordo com as etapas avaliativas da instituição.

Considerações Finais

O cenário da Educação Física escolar tem avançado bastante no Brasil do ponto de vista legal, que reconhece a relevância do componente para o desenvolvimento de competências para além da formação de atletas. Habilidades transversais como comunicação, criatividade e resolução de problemas têm sido muito discutidas em esferas mais globais da educação e o espaço da Educação Física tem se mostrado privilegiado para o desenvolvimento de indivíduos mais críticos e atuantes.

Sabe-se ainda que, apesar dos avanços legais, ainda é preciso reafirmar na prática cotidiana, especialmente frente a gestores escolares, a relevância da contribuição da Educação Física tanto quanto os demais componentes curriculares. Por isso, a abordagem aqui proposta é para que, a partir do engajamento dos alunos, da evolução dos aspectos sócioemocionais e da progressão de habilidades das diferentes modalidades preconizadas pela BNCC, consiga oferecer aos docentes norteadores para que a Educação Física alcance patamares de relevância tal qual os demais componentes que hoje compõem os currículos das escolas.

O professor tem a seu favor o interesse dos alunos nas aulas de Educação Física, precisando ter um olhar apurado para as necessidades além das habilidades técnicas, de forma a promover atividades que privilegiem o desenvolvimento integral dos alunos (corpo e mente).

Referências

BRASIL. Casa Civil. **Lei de Diretrizes e Bases da Educação** - Lei n° 9.394 Disponível em: <https://www.planalto.gov.br/ccivil_03/Leis/L9394.htm> . Acesso em 14 de abril de 2020.

BRASIL. Secretaria de Educação Fundamental. **Parâmetros curriculares nacionais**: Educação Física / Secretaria de Educação Fundamental. Brasília: MEC / SEF, 1998. Disponível em: < http://portal.mec.gov.br/seb/arquivos/pdf/fisica.pdf>. Acesso em 14 de abril de 2020.

LEITE, Iara P. A; VARGAS, J. M. **As significações da participação ativa de alunos da 5ª série do ensino fundamental na construção e reconstrução de jogos nas aulas de educação física** - um relato de experiência. 45 p. FABAVI/DOCTUM. Serra, 2011.

PERRENOUD, Philippe. **Dez novas competências para ensinar**. Porto Alegre: Artmed, 2000.

VYGOTSKY, L.S. **Linguagem, desenvolvimento e aprendizagem**. São Paulo: Martins Fontes, 1988.

A construção do mito da educação brasileira para todos

Rafael Mansur

Em 1988 era promulgada a Constituição brasileira, lei fundamental e suprema do Brasil, servindo de parâmetro de validade a todas as demais espécies normativas, situando-se no topo do ordenamento jurídico.

Baseada na Constituição Nacional, em 1996 promulgam a mais recente Lei de Diretrizes e Bases da Educação Nacional Brasileira. Em seu primeiro artigo primeiro logo nos esclarece: "A educação abrange os processos formativos que se desenvolvem na vida familiar, na convivência humana, no trabalho, nas instituições de ensino e pesquisa, nos movimentos sociais e organizações da sociedade civil e nas manifestações culturais."

O presente artigo visa demonstrar como, embora, tanto a Constituição, em suas referências quanto a LDBEN 9394/96 se pautaram na equidade, diversidade e garantia de acesso à educação nacional, há um projeto de poder em vigor que visa destruir a instituição da educação brasileira em prol de um aparelhamento político.

O texto analisa de maneira sucinta os atos governamentais do então presidente Jair Messias Bolsonaro frente às políticas públicas de educação e, como por meio de medidas assertivas e cruéis, conseguiu destruir o lampejo de um projeto educacional para todos, criando e mantendo o mito que permeia nossa sociedade: garantia de um direito igualitário de acesso para todos à educação.

No primeiro dia de janeiro de 2019, Jair Messias Bolsonaro tomou posse como presidente da república brasileira. *Após rece-*

ber a faixa presidencial de Michel Temer, proferiu o seu primeiro discurso enquanto chefe de estado.

Em seus dois primeiros minutos de discurso, Jair Bolsonaro, que já havia nos demonstrado durante os seus mais de 20 anos enquanto congressista e durante toda a campanha presidencial que não respeitava a diversidade seja ela qual for, nos deu lampejos de como seria a sua atuação frente a esta questão e o que poderíamos esperar para os próximos anos.

Abaixo há apenas um trecho de toda a posse, que entre tantos pontos, conta também com um discurso emocionado da primeira dama, Michelle Bolsonaro, todo feito em libras, acenando à possibilidade de uma tratativa real à diversidade e práticas inclusivas dentro da educação. O trecho destacado é muito do que precisamos para essa análise, mas ainda pequeno em comparação ao que este governo se propõe:

> Vamos unir o povo, valorizar a família, respeitar as religiões e nossa tradição judaico-cristã, combater a ideologia de gênero, conservando nossos valores. O Brasil voltará a ser um país livre das amarras ideológicas. [...] Daqui em diante, nos pautaremos pela vontade soberana daqueles brasileiros que querem boas escolas, capazes de preparar seus filhos para o mercado de trabalho e não para a militância política; que sonham com a liberdade de ir e vir, sem serem vitimados pelo crime; que desejam conquistar, pelo mérito, bons empregos e sustentar com dignidade suas famílias; que exigem saúde, educação, infraestrutura e saneamento básico, em respeito aos direitos e garantias fundamentais da nossa Constituição. (BRASIL, 2020)

É inegável que esse trecho carece de uma análise completa e minuciosa, mas será preciso nos ater apenas a três pontos, de modo a garantir um entendimento melhor sobre a percepção das políticas públicas voltadas para a diversidade e educação: a "ideologia de gênero"; "boas escolas que preparam para o mercado de trabalho e não para a militância política" e a "conquista pelo mérito".

A chamada ideologia de gênero foi uma das pautas mais levantadas durante a campanha presidencial do atual chefe de estado brasileiro. Sob argumentos nada científicos, pífios e estratégias de proliferação de fake news, a campanha presidencial fez brasileiros acreditarem em um conceito inverídico de que os governos de esquerda propunham um projeto educacional com foco nos "ensinamentos" a homossexualidade, transexualidade, sexualização infantil etc.

> Vocês têm pela primeira vez na história do Brasil um presidente que está honrando o que prometeu na campanha, que acredita da família e que vai respeitar a inocência das crianças nas salas de aulas. Não existe conversinha de ideologia de gênero. Isso é coisa do capeta. Tenho certeza que o governador Ibaneis não vai admitir isso no DF (BRASIL, 2019)

O discurso fraco e sem embasamento do presidente ganhou força e apoio entre seus seguidores, composta por maioria mais velha, conservadora e masculina. A "ideologia de gênero", terminologia antes desconhecida até para pesquisadores sobre sexualidade e gênero, ganhou os folhetos de campanha, o ódio do povo e a pauta do projeto de educação de uma nação.

O segundo ponto que carece de atenção no discurso de posse do presidente Jair Messias Bolsonaro é extraído desse trecho: "boas escolas que preparam para o mercado de trabalho e não para a militância política", que, como estratégia marketing de campanha, é a referência para o projeto "Escola sem partido."

Fundado entre 2003 e 2004, o projeto Escola sem partido, tem como líder o advogado brasileiro Miguel Nagib, que alcançou uma maior notoriedade a partir de 2015, por meio de projetos e leis que aumentam o alcance de seus ideais por meio deste movimento.

Para Miguel, para os apoiadores deste projeto e para o presidente Bolsonaro, este tipo de trabalho é necessário porque as escolas para acabar com o aparelhamento político dentro das escolas, o site do movimento nos informa que:

> O Escola sem Partido, foi criado para dar visibilidade a um problema gravíssimo que atinge a imensa maioria das escolas e universidades brasileiras: a instrumentalização do ensino para fins ideológicos, políticos e partidários. E o modo de fazê-lo é divulgar o testemunho das vítimas, ou seja, dos próprios alunos.[1]

O que o movimento diz como "divulgar o testemunho das vítimas", é por meio de denúncias de práticas dos professores e outros sujeitos que fazem parte do processo educacional.

Um projeto como este, por meio de suas ações e convicções, fere a Lei de Diretrizes e Bases da Educação Nacional, e isso parece não ser problema nem para os seus criadores, nem para os seus apoiadores. Desde 2014, sob o falso discurso da busca pela moralidade e educação por princípios, o congresso brasileiro tem apresentado propostas que visam a alteração da LDBEN, sobretudo o artigo 3º:

> O ensino será ministrado com base nos seguintes princípios: I - igualdade de condições para o acesso e permanência na escola; II - liberdade de aprender, ensinar, pesquisar e divulgar a cultura, o pensamento, a arte e o saber; III - pluralismo de ideias e de concepções pedagógicas; IV - respeito à liberdade e apreço à tolerância; V - coexistência de instituições públicas e privadas de ensino; VI - gratuidade do ensino público em estabelecimentos oficiais; VII - valorização do profissional da educação escolar; VIII - gestão democrática do ensino público, na forma desta Lei e da legislação dos sistemas de ensino; IX - garantia de padrão de qualidade; X - valorização da experiência extraescolar; XI - vinculação entre a educação esco-

---

[1] Disponível em: https://www.escolasempartido.org/

lar, o trabalho e as práticas sociais. XII - consideração com a diversidade étnico-racial. (Incluído pela Lei nº 12.796, de 2013); XIII - garantia do direito à educação e à aprendizagem ao longo da vida. (BRASIL, 1996)

Por fim, para encerrar a análise da cruel tríade que dá os primeiros apontamentos da destruição de uma educação voltada para, pela e com diversidade, chegamos na meritocracia.

Estranhamente defendida pelo presidente que, enquanto parlamentar, se manteve 27 anos no poder, apresentando menos de 180 projetos e tendo apenas 2 aprovados, a meritocracia é uma das bandeiras do neoliberalismo e que, sem dúvidas, é um dos maiores agente de profusão da desigualdade.

O presidente Jair Bolsonaro bradava em toda a sua campanha que o seu governo seria pautado na meritocracia, defendia que às políticas de cotas, por exemplo, eram uma maneira de dividir o Brasil e que reforçaram a desigualdade:

> Reforçam, sem a menor dúvida o preconceito. Por exemplo, a política de cotas no Brasil está totalmente equivocada"[...]. Isso tudo é maneira de dividir a sociedade. Não devemos ter classes especiais, por questão de cor de pele, por questão de opção sexual, por região, seja lá o que for. Nós somos todos iguais perante a lei. Somos um só povo. [...] Você não tem que ter uma política para isso. Isso não pode continuar existindo, tudo é coitadismo. Coitado do negro, coitada da mulher, coitado do gay, coitado do nordestino, coitado do piauiense. Tudo é coitadismo no Brasil. Vamos acabar com isso (Entrevista a TV Cidade Verde, TV Piauí. 23-10-2018).

A defesa pela meritocracia é cega, carrega uma falsa simetria e é prejudicial para a criação de uma sociedade mais justa e diversa, conforme podemos extrair do entendimento do professor, pesquisador e historiador da UNICAMP e Harvard, Sidney Chalhoub:

O fundamental é questionar a ideia da meritocracia como um valor abstrato universal, que justifique a existência de alguma medida comum da aptidão e de inteligência da humanidade. Fica parecendo que a meritocracia partiu de uma definição abstrata, excluída das circunstâncias sociais e materiais de vida das pessoas. A universidade, sendo pública, é da sociedade inteira. O ideal seria que todos aqueles que tivessem condições intelectuais e interesse em entrar na universidade, obtivessem uma vaga. Como não há nenhuma perspectiva de que nossos políticos priorizem o acesso ao ensino universitário, é preciso fazer algum tipo de seleção. A seleção deve fazer com que a sociedade esteja representada no corpo discente da universidade. Não se pode ter somente uma determinada raça ou classe social na universidade. Já que o ingresso não pode ser da maneira universal, que a sociedade esteja presente, então, por meio da representatividade.

Neste ponto finalizamos a análise sucinta do discurso de posse do presidente Jair Messias Bolsonaro, é inegável que não precisaríamos esperar um governo pensado nas minorias, liberdade de ideias, educação acessível e crítica, mas o cenário posterior nos indica que tudo pode ficar pior quando o governo começa a colocar em prática o discurso.

Diante deste ponto a sucessão de fatos se aproxima de um fenemê descontrolado. Além do mínimo de processamento cognitivo, é preciso também sanidade e discernimento para ler os próximos parágrafos e se manter com saúde mental.

Antes mesmo da transição de governos, o presidente eleito em 2019 já havia indicado o nome do professor colombiano Ricardo Vélez como ministro da educação brasileira. O ministro externou a felicidade do cargo em uma postagem na rede social Twitter, "Aceitei a indicação movido unicamente por um motivo: tornar realidade, no terreno do MEC, a proposta de governo externada pelo candidato Jair Bolsonaro, de 'Mais Brasil, menos Brasília.''

Estava claro que tanto as insanidades proferidas em campanha quanto os absurdos proferidos em seu discurso de posse, teriam forte lugar na gestão do ministro escolhido. E tiveram.

No dia 2 de janeiro de 2019, o Governo Federal junto ao Ministério da Educação extingue, por meio do Decreto nº 9.465, a Secadi - Secretaria de Educação Continuada, Alfabetização, Diversidade e Inclusão.

A extinção desta secretaria não é incoerente às práticas e aos discursos do presidente eleito, era sabido que ele nunca levantou a discussão da diversidade e inclusão. Assusta-se apenas com a extinção porque um dia antes ao decreto, na posse do presidente, estava a primeira dama discursando em libras, e um dia depois estavam extinguindo a secretaria que cuidava de políticas públicas que garantiam, por exemplo, ações para inclusão da língua brasileira de sinais nas escolas, por exemplo.

A Secadi foi criada em 2012, e de acordo com a Andifes (Associação Nacional dos Dirigentes das Instituições Federais de Ensino Superior), com o objetivo de contribuir para o desenvolvimento dos sistemas de ensino, voltado à valorização das diferenças e da diversidade sociocultural, à promoção da educação inclusiva, dos direitos humanos e da sustentabilidade socioambiental, desenvolvendo ações no campo de Educação de Jovens e Adultos, Educação Especial na perspectiva inclusiva, Educação Ambiental e em Direitos Humanos, Educação do Campo, Indígena e Quilombola e Educação para as Relações Étnico-Raciais". O decreto que que legislava sobre suas atribuições, determinava à Secadi:

> I – planejar, orientar e coordenar, em articulação com os sistemas de ensino, a implementação de políticas para a alfabetização, a educação de jovens e adultos, a educação do campo, a educação escolar indígena, a educação em áreas remanescentes de quilombos, a educação em direitos humanos, a educação ambiental e a educação especial;

II- implementar ações de cooperação técnica e financeira entre a União, Estados, Municípios, Distrito Federal, e organismos nacionais e internacionais, voltadas à alfabetização e educação de jovens e adultos, a educação do campo, a educação escolar indígena, a educação em áreas remanescentes de quilombos, a educação em direitos humanos, a educação ambiental e a educação especial;

III – coordenar ações transversais de educação continuada, alfabetização, diversidade, direitos humanos, educação inclusiva e educação ambiental, visando à efetivação de políticas públicas de que trata esta Secretaria, em todos os níveis, etapas e modalidades; e

IV – apoiar o desenvolvimento de ações de educação continuada, alfabetização, diversidade, direitos humanos, educação inclusiva e educação ambiental, visando à efetivação de políticas públicas intersetoriais. (BRASIL, 2012).

Ao, nos primeiros dias de governo, expurgar uma secretaria tão importante, a política de Jair Messias Bolsonaro dá às primeiras confirmações de que o seu discurso enquanto presidenciável estava alinhado às práticas que trabalharia enquanto presidente da república.

Pouco tempo depois, por outros motivos que não cabe dissertar neste momento, o ministro Vélez foi demitido e substituído por Abraham Weintraub, este que continuou e continua o processo de sucateamento educacional brasileiro baseado em três pilares: cerceamento da diversidade de ideais; meritocracia e exclusão da população mais vulnerável às políticas públicas educacionais e perseguição aos professores e práticas educacionais que buscam a manutenção do estado de liberdade e direito.

A continuidade do projeto de governo do presidente Jair Messias Bolsonaro trará grandes danos à educação brasileira e demonstra que, um projeto tão novo de educação como o nosso, enfrentará maiores desafios após a sua gestão. Gestão esta que agiu e age constantemente contra a promoção da equidade, contra a valorização da diversidade, em desfavor ao crescimento da ciência e enfraquece constantemente instituições que buscam práticas inclusivas na educação nacional.

Os danos são grandes, mas não irreversíveis. É preciso ter esperança, do verbo esperançar (FREIRE, 2014).

Referências

CHALHOUB, Sidney. A meritocracia é um mito. Entrevista concedida a Manuel Alves Filho. **Jornal da Unicamp**, São Paulo, Edição Especial Online. Junho de 2017.

BOLSONARO, Jair M. Entrevista concedida à TV Cidade Verde. **TV Piauí**. Outubro de 2018.

BRASIL. **Constituição da República Federativa do Brasil.** Brasília, 1988.

BRASIL. **Lei de Diretrizes e Bases da Educação Nacional,** LDB. 9394/1996.

BRASIL. Decreto n. 7.690, de 2 de março de 2012. Aprova a Estrutura Regimental e o Quadro Demonstrativo dos Cargos em Comissão e das Funções Gratificadas do Ministério da Educação. **Diário Oficial da União**, Poder Executivo, Brasília, DF, 6 mar. 2012. p. 15.

BRASIL. Presidente (2020-2024: Jair Messias Bolsonaro). **Discurso de posse**. Brasília, 1 de janeiro de 2020.

BRASIL. Presidente (2020 - 2024: Jair Messias Bolsonaro). **Discurso no evento Marcha para Jesus**. São Paulo, 20 de junho de 2019.

FREIRE, Paulo. 2014. **Pedagogia da esperança**. São Paulo: Paz e Terra.

Material Didático (in)formativo elaborado pelo MST: por uma nova realidade educacional do/no campo

Philippe Drumond Vilas Boas Tavares

Gênese do Movimento e sua relação com a Educação

As relações conflituosas da sociedade, inerentes ao sistema produtivo capitalista em função de sua divisão em classes sociais antagônicas, resultou em uma série de movimentos sociais ao redor do mundo que reivindicavam desde melhores condições de vida a divisões mais justas de terras e dos bens produzidos pelo trabalho.

Um movimento social que ganhou destaque em função de seu crescimento e de sua organização em nível nacional no Brasil foi o Movimento dos Trabalhadores Rurais Sem Terra, mais conhecido por sua sigla MST, doravante adotada neste trabalho.

O MST surge no final da década de 1970, quando as contradições do modelo agrícola se tornam mais intensas e aumentam a repressão e violência do Estado ditatorial. Desta forma, a ocupação de terras, ação desempenhada em outras nações anteriormente, surge como forma de resistência. Em setembro de 1979, centenas de agricultores ocupam as granjas Macali e Brilhante, no Rio Grande do Sul. Em 1981, um novo acampamento surge no mesmo estado e próximo dessas áreas: a Encruzilhada Natalino, que se tornou símbolo da luta de resistência à ditadura militar, agregando em torno de si a sociedade civil que exigia um regime democrático. Em 1984, os trabalhadores rurais que protagonizavam essas lutas pela democracia da terra e da sociedade se reúnem no 1° Encontro Nacional, em Cascavel, no Paraná. Fruto deste encontro é criado um movimento camponês nacional, o MST, com três objetivos principais: lutar pela terra, lutar pela reforma agrária e lutar por mudanças sociais no país (MST, 2020).

O MST possui uma vasta pauta, resultado de anos de organização com a qual articula o seu projeto popular. Estas pautas introduzem as temáticas mais atuais e necessárias na defesa dos direitos sociais e das garantias que o movimento precisa para continuar resistindo. O que diferencia este movimento dos demais movimentos sociais é sua capacidade de organização nos níveis nacional e internacional, difusão midiática, constituição de símbolos, capacidade de negociação, bem como sua presença junto aos campesinos.

A educação dentro do MST surgiu em meados da década de 1980, quando foi identificada necessidade de uma escola diferente daquela onde as crianças dos assentamentos estudavam, tendo em vista que eram crianças que tinham vivenciado uma realidade de exclusão e discriminação de maneira intensa em suas vidas. Assim, além de questionar acerca de como seria a escola dos assentamentos, os membros do MST ainda tinham que lidar com o despreparo dos educadores da época, os quais sem ter conhecimento prévio de como era a realidade destes alunos, acabavam por trabalhar da mesma maneira que atuavam nos centros urbanos, deixando a maior parte das obrigações para o livro didático, que por sua vez, só reforçava os aspectos discriminatórios e excludentes destas crianças (SOUZA, 2003).

O processo organizativo demanda espaços permanentes de diálogos, planejamentos e reflexões dos seus membros, de tal modo que a sua capacidade de permanecer como um organismo vivo e atuante esteja diretamente vinculado a sua função que chamaremos de "democrática-educativa":

> Com esta dimensão nacional, as famílias assentadas e acampadas organizam- se numa estrutura participativa e democrática para tomar as decisões no MST. Nos assentamentos e acampamentos, as famílias organizam-

se em núcleos que discutem as necessidades de cada área. Destes núcleos, saem os coordenadores e coordenadoras do assentamento ou do acampamento. A mesma estrutura se repete em nível regional, estadual e nacional. Um aspecto importante é que as instâncias de decisão são orientadas para garantir a participação das mulheres, sempre com dois coordenadores, um homem e uma mulher. E nas assembleias de acampamentos e assentamentos, todos têm direito a voto: adultos, jovens, homens e mulheres (MST, 2020).

O MST, para a formação de seus membros e para a divulgação de suas ações, possui um vasto material (in) formativo, como livros, revistas, folhetos, vídeos, boletins, cartilhas, dentre outros, contendo referências aos temas contemporâneos objetos de reivindicações, como por exemplo, a reforma agrária. Em sua página na internet (www.mst.org.br) há uma seção específica que reúne estas publicações, a Biblioteca Virtual.

Dentre os materiais encontramos diversas referências sobre as questões ambientais, sobretudo vinculadas à produção sem agrotóxico, a partição da terra como modo de melhorar as relações e diminuição da desigualdade no campo, exemplos práticos de assentamentos que introduziram a produção agroecológica, dentre outras.

Ante o exposto, o objetivo deste trabalho é identificar o material didático disponível no sítio eletrônico do MST voltado para a Educação Básica, classificando as obras existentes em função de suas diretrizes e aplicabilidades de modo a relacionar este material com os pressupostos epistemológicos que permeiam a Educação do Campo. Trata-se de uma abordagem qualitativa realizada por meio de uma pesquisa documental, uma vez que todas as obras estão disponíveis para visualização e descarregamento gratuitos, sendo de livre e irrestrito acesso para realização desta pesquisa.

A Educação dentro do MST: proposta (re)significadora

Partindo de uma ação educadora de seus integrantes no sentido de não somente alfabetizá-los, mas também formá-los para as necessidades do movimento, o MST abre caminho para a implantação de uma nova realidade educacional para o campo. Não se trata apenas uma educação do campo ou para o campo, é um momento histórico que tem o MST como principal agente desta iniciativa, juntamente com outros movimentos sociais, como, por exemplo, o MAB (Movimento dos Atingidos por Barragens). Ou seja, é preciso letrar os integrantes para a identificação com as demandas do movimento, fazer com que as informações expostas através da alfabetização possam fazer sentido em sua prática cotidiana.

É válido ressaltar que a mudança da nomenclatura de Educação Rural para Educação do Campo não foi apenas uma alteração de nomes, envolve uma dinâmica maior entre estereótipos e arquétipos preconceituosos que vem sendo mitigada paulatinamente por meio das diversas ações do movimento e também da Academia. O MST enquanto objeto e, também, como sujeito de pesquisa aparece cada vez mais no meio científico, desde pesquisas introdutórias de iniciação científica até teses de doutoramento. Desta forma, a literatura especializada permite que este movimento seja melhor compreendido para além das óticas reducionistas advindas do senso comum.

Para se resguardar desta classificação externa de Educação Rural, que possui um modelo de escola para o público rural, um modelo de produção e um modelo de vida para o público rural, logicamente nivelado por baixo para não permitir a ascensão social, os movimentos sociais do campo estabeleceram suas diretrizes pedagógicas, alicerçadas nos pressupostos da Educação do e para o Campo. Trata-se de uma afirmação de valores e crenças que são imanentes ao campo, porém enevoadas pela ótica desenvolvimentista. Santos (2012, p. 02) explica esta mudança:

> A superação da educação rural vista apenas como uma formação mercadológica e a recente concepção de educação do campo foram constituídas por uma longa trajetória de lutas e discussões no interior dos movimentos sociais, das entidades, representações civis, sociais e dos sujeitos do campo. A mudança na compreensão desse conceito reflete muito mais do que uma simples nomenclatura. Ela é inevitavelmente o resultado de um olhar politicamente referendado na busca pelos direitos sociais e na defesa da seguinte trilogia: educação, sociedade de desenvolvimento, fatores indispensáveis para a concretização de projetos políticos-pedagógicos que busquem encarar a realidade e atender as necessidades da população do campo. Sendo assim, estas são ações que pressionam as lideranças governamentais na criação e organização de políticas públicas para os trabalhadores e trabalhadoras do campo (SANTOS, 2012, p. 02).

Os impactos deste posicionamento firme e esquematizado em larga escala graças ao amplo alcance do MST propiciou a criação de várias escolas nos assentamentos e nas ocupações em território nacional, reconfigurando as bases pedagógicas para a Educação do Campo e também para a pesquisa sobre a Educação do Campo.

Souza (2008) vai mais além e afirma que a constituição do Setor de Educação no Movimento dos Trabalhadores Sem Terra juntamente com a quebra do paradigma de educação rural tem influenciado sobremaneira o modo como as pesquisas em educação do campo estão se desenvolvendo, o que por sua vez leva, inevitavelmente, à construção e consequente remodelação da ótica com que esta realidade social é analisada.

Para que esta proposta educacional tenha êxito em sua efetivação, faz-se necessária a constituição de duas frentes de trabalho uníssonas: profissionais capacitados e material didático adequado. Professores com perspectivas pedagógicas contrárias a esta dinâmica de transformação social e material didático produzido sem o entendimento destas singularidades comprometem totalmente a efetivação desta proposta.

A iniciativa de compreender as demandas do movimento face às inerências da luta de classes e conseguir propor alternativas viáveis a partir da materialidade reinante nos assentamentos sob a perspectiva educacional vai ao encontro com a visão de Gramsci (2000) acerca da importância da formação dos intelectuais orgânicos e sua atuação frente aos desafios cotidianos para enfrentamento das vicissitudes hegemônicas atuais

Por meio do Boletim da Educação n. 09, de dezembro de 2004, o Coletivo Nacional do Setor de Educação do MST traz a público um retrospecto dos vinte anos em que aliou sua demanda por reforma agrária ao caráter educacional de sua realidade, preocupando com a formação de seus membros em todos os níveis, conforme excerto abaixo:

> Esta é nossa marca de origem e um traço do projeto de Reforma Agrária que ajudamos a desenhar. Quase ao mesmo tempo em que começou a lutar pela terra o MST, através das famílias acampadas e depois assentadas, começou a lutar também pelo acesso dos Sem Terra à escola pública; agimos para provocar o Estado a agir, construímos e pressionamos políticas públicas para a população do campo. No início nossa visão do direito e nossas pernas de luta iam até a educação fundamental para crianças e adolescentes; aos poucos fomos nos encontrando com a alfabetização e logo com a educação de jovens e adultos; depois com a educação infantil e mais recentemente com a educação universitária (...) Em dados estima-

dos podemos dizer que o MST conquistou em 20 anos aproximadamente 1500 escolas públicas nos seus acampamentos e assentamentos, colocando nelas em torno de 160 mil crianças e adolescentes Sem Terra, e ajudando a formar os seus mais de 4 mil educadores; também desencadeou um trabalho de alfabetização de jovens e adultos (MST, 2004, p. 12).

Para tanto, o MST disponibiliza uma série de materiais (in)formativos para que seus membros possuam consciência da totalidade da causa do movimento e se empenhem em participar ativamente de seu próprio processo de emancipação.

Distribuição e classificação do material (in)formativo

Os documentos do MST disponíveis em seu sítio eletrônico estão agrupados na seção Publicações, agrupados em dois grandes blocos: Jornal Sem Terra e Biblioteca Virtual. O primeiro contempla publicações no formato de um periódico informativo, sem intervalo contínuo entre uma obra e outra, onde a obra mais antiga encontrada data de nove anos atrás (2011) e a mais recente de apenas dois meses (março/2020). As publicações possuem caráter formativo geral, comunicam ações de grande impacto realizadas pelo movimento e divulga a agenda de próximos acontecimentos em larga escala. Desta forma, não possuem caráter estritamente educacional e, portanto, não fazem parte do escopo analisado nesta pesquisa.

No bloco relativo à Biblioteca Virtual encontra-se o maior número de documentos, divididos em 12 (doze) tópicos, quais sejam: Livro (162 arquivos), Artigo e ensaio (355 arquivos), Dissertação e teses (852 arquivos), Revista (8 veículos com mais de mil matérias informativas e de opiniões), Jornal (4 veículos com publicações desde 1981) , Caderno de Estudo e

Cartilha (231 arquivos), Documento (202 arquivos), Literatura e Cultura do Campo (8 arquivos), Poesia (51 arquivos), Cartaz (61 arquivos), Videoteca (135 vídeos) e por fim, Páginas na Internet (17 links externos).

Devido a essa gama de materiais, elencamos como escopo da presente pesquisa os arquivos relativos ao tópico Caderno de Estudo e Cartilha em função de seu direcionamento à formação dos educadores e educandos nas escolas do campo e em outros espaços educativos. Assim, após uma triagem dos 231 arquivos, 79 foram classificados de acordo com sua temática educacional, sendo os outros 152 documentos restantes descartados em função de suas temáticas diversas, que abordam desde questões históricas e estatísticas do movimento até relações de gênero, passando por temas religiosos e orientações de ordem jurídica. Desta forma, foi possível classificar os documentos relacionados diretamente com as práticas educativas explícitas em seus títulos de acordo com sua temática em dez sub-grupos, quais sejam: Organização do espaço escolar, Agroecologia, Arte e Educação, Formação de professores, Educação de Jovens e Adultos, Trabalho e Educação, Educação infantil, Ensino Fundamental e Ensino Médio, evidenciados no gráfico a seguir:

Gráfico 1 - Subgrupos temáticos

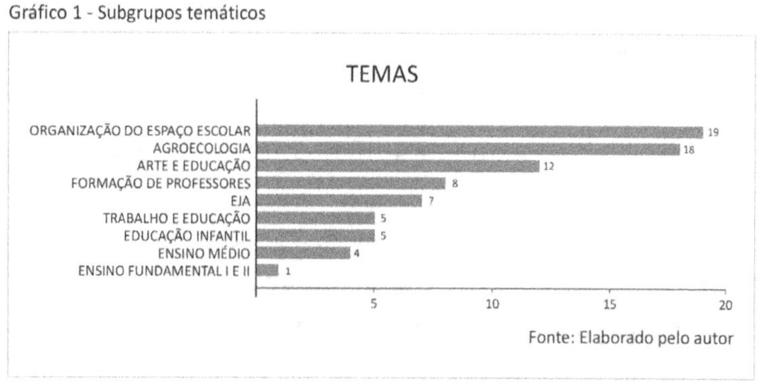

Fonte: Elaborado pelo autor

Os sub-grupos "Organização do Espaço Escolar", "Agroecologia" e "Arte e Educação" contemplam a maior parcela dos temas com 62% de concentração dos documentos (in) formativos. Isto demonstra que a preocupação com a criação e consolidação de um espaço educativo contra-hegemônico que apresente uma proposta alternativa viável e, ao mesmo tempo, concomitante com a forma de produção atual seja visualizada de forma prática.

O espaço escolar vai muito além de sua forma e disposição e está relacionado diretamente às dimensões sociais. Segundo Ribeiro (2004), o espaço escolar está carregado de símbolos e marcas de quem o produzem, o organiza e vive nele. Por esse motivo ele está cheio de significados culturais e afetivos. Suas constatações são difíceis de serem compreendidas, pois é um espaço de conflitos de interesses, explícitos e ocultos, que são expressos, por exemplo, em normas e valores. Daí a necessidade de uma proposta educacional (re) significadora para a Educação do Campo no/do MST ter também um lócus físico distinto do tradicionalmente imposto pela área urbana.

Seja em uma construção improvisada embaixo de uma lona à beira de uma estrada vicinal ou em um local arquitetonicamente planejado e construído conforme as demandas específicas dos integrantes do movimento, pensar a organização deste espaço é essencial para que o projeto político-pedagógico seja implementado com êxito. Pode nos parecer, a princípio, que há um excesso de preocupação com esta faceta concreta acerca do espaço escolar. Contudo, a formação revolucionária precisa romper com determinadas amarras tanto no campo ideológico quanto no campo material para seguir sua proposta emancipatória.

A contrapartida que o movimento oferece é a Agroecologia. Daí o destaque para a profusão de materiais direcionados para esta temática no escopo analisado. Como o movimento parte de uma premissa auto-sustentável, de uso e aproveitamento da terra e de distribuição igualitária da renda conforme a produção, os pressupostos da Agroecologia encontram terreno fértil para construir uma nova frente produtiva sustentável, ecologicamente pensada e articulada coletivamente.

Neste sentido, a ação orgânica do MST encontra respaldo na descrição da problemática ambiental descrita por Leff (2002), com a internacionalização de novos valores e quando este afirma que os princípios agroecológicos contribuem para a propagação de uma nova racionalidade produtiva sobre bases de sustentabilidade e equidade social, contribuindo para a redução dos impactos causados por uma agricultura capitalista predadora. Ainda segundo Leff (2002):

> A Agroecologia é terra, instrumento e alma da produção, onde se plantam novas sementes do saber e do conhecimento, onde enraíza o saber no ser e na terra; é o caldeirão onde se amalgamam saberes e conhecimentos, ciências, tecnologias e práticas, artes e ofícios no forjamento de um novo paradigma produtivo (LEFF, 2002, p. 37).

Para tal, faz-se necessário um novo modelo educacional que arregimente este ideal e possibilite condições reais de efetivação. Como forma de operacionalização desta corrente pedagógica contrária aos moldes educacionais advindos de um sistema de produção danoso à natureza, o MST enfatiza a Educação Ambiental como forma de trazer à tona os ideais de transformação por meio da sustentabilidade. E uma forma de externalizar dinamicamente estes princípios se dá na criação artística enquanto elemento característico de produção intelectual de determinado grupo. Assim, a Arte surge como um dos tripés da educação dentro do MST, com o incentivo às iniciativas de criação, exposição e concursos voltados para a publicização das obras dos integrantes dos assentamentos, sempre com uma abordagem integrativa, destoando da ótica competitiva comumente encontrada em outras formas de organização social.

Caldart (2009) esclarece esta dinâmica ao pontuar que:

> Talvez esta seja a marca mais incômoda da Educação do campo (inclusive para certas ortodoxias de esquerda) e sua grande novidade histórica: os sujeitos que põe em cena como construtores de uma política de educação e de uma reflexão pedagógica. Na sua origem, o "do" da Educação do campo

> tem a ver com esse protagonismo: não é "para" e nem mesmo "com": é dos trabalhadores, educação do campo, dos camponeses, pedagogia do oprimido

> ... Um "do" que não é dado, mas que ser construído pelo processo de formação dos sujeitos coletivos, sujeitos que lutam para tomar parte da dinâmica social, para se construir como sujeitos políticos, capazes de influir na agenda política da sociedade. mas que representa, nos limites, impostos pelo quadro em que se "insere", a emergência efetiva de novos educadores, interrogadores da educação, da sociedade, construtores (pela luta) de políticas, pensadores da pedagogia, sujeitos de práticas (CALDART, 2009, p. 41).

Devido ao caráter de presencialidade marcante em quase todo o território nacional, as regionalidades artísticas encontram uma via estimuladora dentro do movimento, ressaltando as características de cada região do país em vários formatos de exposição das obra de arte, como pinturas, esculturas, literatura de cordel, produções de textos (poemas, poesias e redações), ilustrações, cifras, músicas dentre outros.

Educação Básica em foco: diretrizes do movimento para cada nível de ensino

A preocupação do MST em acompanhar todas as etapas do processo educativo do/no movimento fica evidenciada na divisão dos segmentos específicos de cada nível de ensino, com orientações desde como "construir uma nova criança" até diretrizes para a Educação Profissional, sempre levando em consideração as características e peculiaridades dos pressupostos educacionais do movimento.

Em relação à Educação Infantil temos 5 (cinco) documentos norteadores de práticas educativas lúdicas e contextualizadas, abordando jogos e brincadeiras e a importância de se construir uma nova criança ao trabalhar os aspectos de desenvolvimento da criança sob a ótica vygotskyana, destacando as relações entre brinquedos e brincadeiras, juntamente com o papel dos educadores infantis, embasados na Lei de Diretrizes e Bases da Educação Nacional como referência nas ações.

Já relacionado com o ensino fundamental, o MST apresenta um documento chamado "Escola de Educação Fundamental", onde não se atém à divisão e seriação do ensino e procura expandir esta compartimentação com uma abordagem direcionada a este nível específico (antigo 1º ao 8º ano) apresentando o conceito que consiste em fazer uma reflexão específica de como ajustar as práticas propostas a cada nível de estágio de desenvolvimento, utilizando as plataformas colaborativas como potencializadoras das orientações e reflexões sobre o *jeito da escola*.

Em se tratando do ensino médio, o movimento divide seu material em função do público-alvo: Educação de Jovens e Adultos, Ensino Médio regular e Ensino Médio Profissional, o que destaca como a ótica do MST é integrativa ao não excluir as possibilidades de atuação neste nível de ensino, haja vista que os integrantes do movimento que estão neste nível de ensino possuem origens e realidades muito distintas e não poderiam ser excluídas em função de uma ótica limitadora como acontece regularmente no ensino tradicional.

A EJA é o grande destaque deste nível em função das características peculiares dos integrantes do movimento. Muitos deles não conseguiram se escolarizar no tempo regular e como o movimento tem essa preocupação com a educação formal de seus membros, as práticas voltadas para a EJA encontram grande assertividade nas propostas, que orientam desde a configuração do espaço, o perfil dos educadores e adaptação e criação do material didático para enfrentamento e superação das condições que dificultaram o acesso à educação anteriormente.

Apontamentos finais

Diante a profusão de material encontrado é válido ressaltar o alto grau de organização dos documentos, tanto os disponíveis em formato digital originalmente em sua elaboração, quanto os documentos mais antigos devidamente escaneados e disponibilizados no sítio eletrônico. Esta organização reflete os ideais do movimento e reforça a iniciativa de (re) estruturação dos seus objetivos.

É possível afirmar que, em se tratando da temática educacional, a oferta de material é vasta, riquíssima de conteúdo de passível de análises mais profundas do ponto de vista acadêmico-científico, de modo a publicizar estas iniciativas (trans) formadoras que o MST possui como pauta diária de (re) existência.

Especificamente sobe a Educação Básica, conclui-se que o movimento possui uma visão bem definida sobre as especificidades de cada nível de ensino sem perder sua perspectiva integral e interconectada pela temática de (re) significação da Educação do/no Campo por meio da práxis educativa.

Referências

CALDART, R. S. O MST e a formação dos sem terra: o movimento social como princípio educativo. **Estud. av.**, São Paulo, v. 15, n. 43, p. 207-224, Dec. 2009. Disponível em <http://www.scielo.br/scielo.php?script=sci_arttext&pid=S0103- 40142001000300016&lng=en&nrm=iso>. Acesso em 13 de Fevereiro de 2020.

GRAMSCI, A. **Cadernos do cárcere**, v. 2. Os intelectuais. O princípio educativo. Jornalismo. Ed. e trad. de Carlos N, Coutinho. Coed. de Luiz S. Henriques e Marco A. Nogueira. Rio de Janeiro: Civilização Brasileira, 2000.

LEFF, E. Agroecologia e saber ambiental. **Agroecologia e Desenvolvimento Rural Sustentável**, Porto Alegre, v.3, n.1, jan./mar. 2002.

MOVIMENTO DOS TRABALHADORES RURAIS SEM TERRA. **Quem somos**? Site oficial do MST, 2020. Disponível em http://www.mst.org.br/. Acesso em 14 de Fevereiro de 2020.

__________. **Boletim da Educação Nº 09** - Educação no MST - Balanço 20 anos. Disponível em http://www.reformaagrariaemdados.org.br/biblioteca/caderno-de-estudo/mst-boletim-da- educa%C3%A7%C3%A3o-n%C2%BA-09-educa%C3%A7%C3%A3o-no-mst- balan%C3%A7o-20-anos. Acesso em 20 de Fevereiro de 2020.

RIBEIRO, S. L. Espaço escolar: um elemento (in) visível no currículo. **Sitientibus**. Feira de Santana, n. 31, p. 103-118, jul./dez. 2004.

SANTOS, R. B. **Histórico da educação do campo no Brasil**; Disponível em http://educampo.ufsc.br/wordpress/seminario/files/2012/01/Bicalho-dos-Santos.pdf. Acesso em 10 de Fevereiro de 2020.

SOUZA, M.A. **Educação em assentamentos:** relações (re) criadas no cotidiano do movimento social. Trabalho apresentado na 26ª Reunião Anual da ANPEd. Poços de Caldas (MG): 2003. Disponível em http://26reuniao.anped.org.br/trabalhos/mariaantoniadesouza.rtf>. Acesso em 14 de Fevereiro de 2020.

Sobre os autores

Aline Gomes da Conceição é graduada em Pedagogia e pós graduada em Formação Docente: Educação Infantil, Alfabetização e Educação Especial. Tem experiência de estágio na rede Pública e Particular de Vitória e Vila Velha/ES. Atuou em sala de aula na Educação Infantil, Fundamental I e na Gestão Escolar. E-mail: aline_semo@hotmail.com

Daiana Aparecida dos Reis é graduanda em Direito pela faculdade Doctum de Manhuaçu. Já atuou como educadora no ensino pré-escolar, na rede municipal de ensino da cidade de Manhuaçu - MG. Premiada no Ateliê Científico de 2019 da faculdade Doctum de Manhuaçu com o projeto de pesquisa A efetividade do Estatuto do Idoso na região de Manhuaçu. Atualmente, atua como servidora requisitada na Subseção Judiciária de Manhuaçu, exercendo a função de Assistente Adjunta II. Interessa-se por Direito Constitucional e Ciências Sociais. E-mail: daiana.apreis@gmail.com

Dilzete Gasparini Alves é graduada em Pedagogia, tem experiência de estágio na rede Pública e Particular de Vitória/ES. Atuou em sala de aula na Educação Infantil, Fundamental I e na Gestão Escolar. E-mail: dilzete.g@gmail.com

Djhuliane Moreira Nascimento é graduada em Pedagogia, tem experiência de estágio na rede Pública e Particular de Vitoria e Cariacica/ES. Atuou em sala de aula na Educação Infantil, Fundamental I e na Gestão Escolar. E-mail: djhuliane.moreira@gmail.com

Giselle Cristina de Souza Dutra é professora e coordenadora do Curso de Pedagogia da Faculdade Doctum de Vitória. Especialista em Docência do Ensino Superior. Experiência profissional em práticas pedagógicas e gestão da Educação Básica e do Ensino Superior. Mestranda em Educação da UFES. Pesquisadora do Grupo de Pesquisa em Fenomenologia na Educação (GPEFE) - UFES. Fundadora e coordenadora do Grupo de Apoio à Adoção Raízes e Asas, filiado à ANGAAD - Associação Nacional dos Grupos de Apoio à Adoção. E-mail: prof.gisellecritina@gmail.com

Giselle V. Benzaquen D´Assumpção é especialista em Educação e Tecnologia, atua desde 2004 na formação de professores para a inclusão das ferramentas tecnológicas nas salas de aula. Com experiência em gestão de projetos educacionais, atuou como consultora para programas de gestão escolar em instituições públicas e privadas. Desenvolve estudos e artigos sobre o potencial da aprendizagem virtual nos diversos segmentos educacionais. Atua no mercado editorial desde 2014, atualmente participa da equipe de Educamos – SM como Gerente de Desenvolvimento de Negócios. E-mail: giselle.benzaquen@gmail.com

Guilherme de Almeida Leite é graduando em Direito pela Faculdade Doctum de Manhuaçu. Já atuou como conselheiro municipal de Assistência Social. Premiado no Ateliê Científico de 2019 da Faculdade Doctum de Manhuaçu com o projeto de pesquisa "A efetividade do Estatuto do Idoso na região de Manhuaçu". Atualmente, atua como técnico administrativo e assessor especial na Secretaria Municipal de Assistência Social de Manhumirim-MG e como Secretário Executivo do Conselho Municipal de Assistência Social. Interessa-se por Direito Penal, Direito Constitucional, Ciências Sociais e Administração Pública. E-mail: guicruzeiro02022000@gmail.com

Ícaro Trindade Carvalho é graduado em História pela Universidade Federal de Viçosa (2005), com mestrado em Extensão Rural (2009) pela mesma instituição. Sua formação o permite percorrer o campo das identificações Quilombolas, Educação Quilombola, e identidade afrodescendente. Teve sua dissertação premiada nacionalmente pelo Ministério da Cultura. Foi coordenador do Ensino Médio da Rede Particular, coordenador de área de História e Geografia da Rede Municipal de Ensino de São Gonçalo do Rio Abaixo. Atualmente é professor do Curso de Direito na Rede Doctum de Ensino, além de professor do Centec, na educação básica da mesma rede. Tem experiência na área de Educação e Arquivos, além de trabalhar na área de Extensão Rural, atuando principalmente nos seguintes temas: história, memória, políticas públicas, quilombos e comunidade quilombola. E-mail: icarotrindade@hotmail.com

Juliana Precioso Dias é graduada em Pedagogia, tem experiência de estágio na rede Pública e Particular de Vitória e Vila Velha/ES. Atuou em sala de aula na Educação Infantil, Fundamental I e na Gestão Escolar. E-mail: julianapreciosodias@gmail.com

Julieli Malini Vargas é especialista em Educação Física Escolar. Atua desde 2012 em escolas da rede pública e privada, onde busca promover a consciência corporal de crianças e jovens, para além do esporte de alto rendimento. Na Universidade Federal do Espírito Santos (UFES), colabora com dois grupos de estudos: GECIF, onde é integrante e desenvolve pesquisas relacionadas ao futebol, e a Grupa, que discute esporte e gênero. Fundadora da Inspire Consultoria Interativa e Desenvolvimento Humano, apoia empresas e escolas no desenvolvimento socioemocional através da prática física. E-mail: julielimalini@hotmail.com

Karen Jécika Marcolino Ribeiro é licenciada em Educação Física, últimas publicações no Congresso Espírito-Santense de Educação Física (CONESEF - 2017) por meio do Grupo de Trabalho Temático (GTT) de Aspectos socioculturais, históricos e filosóficos da Educação Física e no Congresso Brasileiro de Ciências do Esporte (CONBRACE - 2019). Participa do GRUPA (Estudos de Gênero e Esporte - CEFD/UFES) e desenvolve estudos e pesquisas sobre Corpo, Identidade e Gênero. E-mail: karen_jecika@hotmail.com

Lara Gabrielle Schultz Souza é graduada em Pedagogia pela Universidade Doctum de Teófilo Otoni. Pós-graduanda em Neuropsicopedagogia clínica e institucional pela Facuminas (Faculdade de Minas) e especialista em Educação Básica - SEE/MG.

Mayara Geraldo Freire é graduada em Pedagogia e especialista em Lúdico e em Psicomotricidade na Educação Infantil, atua desde 2017 na Educação Infantil. Com experiência de estágio na Rede Pública de Ensino de Vitória/ES, atuou em sala de aula na Educação Infantil, Fundamental e na Gestão Escolar. Atua na Rede Privada de Ensino de Vitória/ES desde 2018, atualmente como professora auxiliar na educação infantil. E-mail: mayara.gfreire@gmail.com

Philippe Drumond Vilas Boas Tavares é graduado em Pedagogia pela Universidade Federal de Viçosa (2015), mestre em Educação pelo Programa de Pós-Graduação em Educação do Departamento de Educação da Universidade Federal de Viçosa (2017), na linha de pesquisa Educação, Estado e Sociedade e Especialista em Docência pelo Instituo Federal de Minas. Coordenador do Curso de Pedagogia da UNIDOCTUM. E-mail: phisamste@gmail.com

Rafael Mansur é antes de tudo, um orgulhoso neto, filho e pai. Pedagogo pela Universidade do Estado de Minas Gerais, com MBA em Gestão de Projetos pela USP, tem toda a formação focada na educação e no dia a dia escolar. É gestor educacional, atua também enquanto consultor de instituições de ensino. Foi curador da Bienal do Livro de Contagem e premiado por seus projetos de educação, em prêmios nacionais e reconhecimentos internacionais, tanto na área de cultura, quanto educação. E-mail: rafaelmansur@pro4projetos.com

Tânia Danielle Vieira Neto é graduada em Letras pela UEMG. Mestre em Educação pela UFOP, Universidade Federal de Ouro Preto, MG. Especialista em Língua Portuguesa pela UNIGRANRIO, Universidade do Grande Rio, RJ. Já atuou como tutora presencial do curso de Pedagogia e coordenadora acadêmica da Faculdade Doctum de Carangola, MG. É pesquisadora na área de Relações étnico-raciais, alteridade e ações afirmativas na educação, junto à linha de pesquisa sobre Desigualdades, Diversidades, Diferenças e Práticas Educativas Inclusivas - (DsPEI). Atualmente é professora de Direito, Linguagem e Interpretação do curso de Direito, na Rede de Ensino Doctum. Atua também como professora de Língua Portuguesa em escolas públicas. Interessa-se por Diversidades, Relações-étnicas, Estudos sobre Gêneros, Língua Portuguesa, Linguagem e Literatura. E-mail: tania.danielle.vieira@gmail.com